一般社団法人
ジャパン・ビューティーメソッド協会

メイクアップ検定

Basic & Professional
公式テキスト

INTRODUCTION

これからメイクアップを学びたいと考えている皆さまに、
「メイクアップ」とは何かという、私の信念をまずお伝えしたいと思います。
これは、美容の業界に入って50年という年月の間に、私が培ってきたものです。

人は美しいものに出会ったとき、心の奥底から揺り動かされ、
感動をおぼえます。人の手と感性から生み出された"美しい"事物もそのひとつで、
それはいつの時代も人々の心を豊かに満たしてくれます。

メイクアップにも、人の心に深く入り込み、訴えかける力があると、私は思っています。
そもそも美容は"人を美しく仕立てあげる"仕事であり、
その一翼を担っているメイクアップもまた、同じ意義をもっているからです。
似合うメイクアップは、ひとつではありません。いろんな正解があってよいのです。

と同時に、大事なのは、美容の仕事というのは"10人にひとりが「いい」と思えばいい"と
いうものではないこと。これは、美容が"芸術"ではなく"日常の中の美"であるからです。
人は、少しでも多くの人から良い印象を持たれたい、素敵だ、きれいだと思われたいなどの
願望を持っています。その願望を実現して差し上げるのが、美容に携わる、
プロフェッショナルの使命ではないでしょうか？
そこにこだわればこそ「美しさを創造する」誇りと歓びがあると思うのです。

さて、私は美容業の本質は、サロンや店頭での第一線の活動にあると認識しています。
一般の女性をどれだけきれいにできるかは、「髪結い」の時代から変わらず続いている、
美容の業です。その美容は、「見えない表現力」に作用される部分が大きいように思います。
「見えない表現力」とは、技術や知識、デザインを切り離しては説明しきれません。
それらが複雑に絡み合った、美しくしたいという「熱い思い」を持ちつつ、
「見えない表現力」を模索し、新しくオリジナリティのあるデザインをかたちにするのが
「創造(クリエイション)」ではないかと、希望にも似た確信を抱いています。
その根底を支えているのが、「美しさはひとつでない」という、
クリエイションにおける私の信念です。

［クリエイションを構成する5つの大切な要素とは？］

それでは、メイクアップというクリエイションにおいて大切な、
私が考察した5つの要素を具体的に説明していきます。

技術 | 化粧品、化粧用具をつかいこなす（基本～応用技術）

技術者＝手でものを表現する人間です。
どんなにメイクアップ・イメージを豊富に持っていても、自ら手を動かさなくては表現できないのが、
美容という仕事です。プロならば、技術はうまくて当たり前なのです。
年月をかけて身体にしみこむほどの技術を身につけると同時に、
「技術＋感性」を育て、磨くことが大切です。

知識 | スキンケア、メイクアップ、ヘア、ネイル、ファッション、色彩、造形、化粧品、化粧用具などに関わる理論や情報

ヘアやメイクアップのことだけを知っていても、最高のクリエイションは生み出せません。
美容以外の知識を得ることで、美をつくり上げるための世界観が広がり、比較にならないほど
変わってきます。知識が伴わない技術は、ただの「動作」です。知識とは、クリエイションのための
大切なエネルギーのひとつなのです。そして、美容はまぎれもなくファッションの一部ですから、
その時代のトレンドを把握することはもちろん、過去の変遷も含めてファッションの流れも
しっかりと知識として身につけておきましょう。

感性 | 似合わせの感性「似合う方法はひとつではない」
美しさを感じる力「美しさには無限の可能性がある」
審美眼を養う「ひとりよがりでなく心に響く美しさ」
全体を見る目「トータルバランスを考えた美しさの提案」

「全体を見るバランス感覚」が「感性」です。具体的に説明すると、
ヘアメイクアップの対象者のファッション傾向やライフスタイルなどといった周辺、
つまり「その人らしさ（個性、イメージ）」をどれだけプラスするかというトータルバランス的な提案力が
「感性」といえるのです。その人の似合う提案力を身につけるためには、たくさんの経験を積んで、
早く自分のモノサシを持つこと。ひとりよがりではない、客観的な審美眼を常に養いましょう。

INTRODUCTION

分析 | 顔の分析
印象の分析（顔、表情、洋服、ことばなど）

美容のさまざまな分野において、もっとも分析力が必要なのは「メイクアップ」です。
それは、人間の顔には目、鼻、眉、口といったパーツがあり、それぞれの大きさや配置具合、
肌の質、骨格、筋肉のつき方など、顔を構成する条件（個性）があるからです。
それらを把握せずに「美しさ」は表現できません。顔立ちに限らず、肌の分析や表情、
ファッション、話し方に至るまで、あらゆる要素を限られた時間のなかで分析する力と、
「どんなイメージに仕上げたいのか」という方向性を定める力をつけましょう。

コミュニケーション | 要望の把握（コンサルテーション）
肌に触れる職業としての心配り
「メイクアップは描画ではない」
表情をとらえるアンテナ
「メイクアップの完成は表情美」

人間の顔や肌は、いろいろな意味でデリケートです。冷静に、謙虚に接し、
プロとしての立場から、心と心を通わせ、信頼と安心を築き上げることなくして、
本当に美しいメイクアップ表現はできません。また、エイジング（加齢）など
センシティヴな問題による心の機微を瞬時にキャッチするためのゆとりを身につけることも、
メイクアップ上達へのステップとなりますので、コミュニケーション力の重要性も意識しましょう。

人間の表情は、嘘をつきません。最終的に、その方の「表情」や「気持ち」をどう演出するかが、
メイクアップなのです。メイクアップの力によって、その女性の表情が活き活きと、
美しく輝くのであれば、私たちの努力や信念は、充分に報われるのではないでしょうか。

一般社団法人ジャパン・ビューティーメソッド協会理事長　大竹政義

INTRODUCTION ……………………… 2

第1章 基礎理論 …… 10
Basic Theory For Make-up

Chapter 1
顔を学ぶ …………………… 12

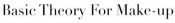

Ⅰ 皮ふと顔の基本 ………………… 12
Ⅰ-1　皮ふ ……………………… 12
Ⅰ-2　顔の骨格 ………………… 14
Ⅰ-3　顔の筋肉 ………………… 16
Ⅰ-4　顔のパーツ ……………… 18
Ⅱ 顔のプロポーション …………… 20
Ⅱ-1　標準のプロポーション …… 20
Ⅱ-2　自分の顔を測ってみましょう …… 24
Ⅱ-3　顔の長さとイメージ …… 25
Ⅱ-4　パーツの配置とイメージ …… 26
Ⅱ-5　顔の印象1 〜年齢と顔の変化〜 …… 27
Ⅱ-6　顔の印象2 〜直線と曲線〜 …… 28

Chapter 2
色を学ぶ …………………… 30

Ⅰ 色とは何か ……………………… 30
Ⅱ 有彩色と無彩色 ………………… 30
Ⅲ 色の3属性 ……………………… 31
Ⅳ 混色 ……………………………… 34
Ⅴ 色の視覚効果 …………………… 35

CONT

Chapter 3
メイクアップの心得 ……… 38

I　メイク(実習)に使う手 ……………… 38
　　I-1　化粧指とは ……………………… 38
　　I-2　指と手のひらの使い方 ………… 39
　　I-3　そえ手 …………………………… 40

II　立ち方と姿勢 ……………………… 41
　　II-1　実習時の立ち方 ………………… 41
　　II-2　実習時の体勢(座って行うとき) …… 42

III　衛生管理 …………………………… 43

Chapter 4
実習の流れ ……… 44

I　マナーと心構え …………………… 44
　　I-1　身だしなみ ……………………… 44
　　I-2　声かけ …………………………… 45
　　I-3　テーブルセッティング ………… 45
　　I-4　ケープ・ひざ掛け ……………… 47
　　I-5　髪の留め方 ……………………… 48
　　I-6　手指衛生 ………………………… 49

POINT CHECK …………………………… 50

第2章 メイクアップの基本のテクニック……52

Basic Technique For Make-up

Chapter 1
基本の肌づくり……54

- **I** スキンケアの基本 …… 54
- **II** スキンケアを行う …… 55
  - II-1 コットンとティッシュ …… 55
  - II-2 メイクを落とす …… 57
- **III** 肌を整える …… 59
  - III-1 化粧水＆乳液で肌を整える …… 59
- **IV** 肌づくり …… 60
  - IV-1 肌づくりのアイテムとツール …… 60
  - IV-2 肌色の知識 …… 61
  - IV-3 下地 …… 63
  - IV-4 ファンデーションの塗り方 …… 65
  - IV-5 コンシーラーののばし方 …… 68
  - IV-6 粉おしろい …… 69

Chapter 2
パーツのメイク……70

- **I** 眉メイク …… 70
  - I-1 眉メイクのアイテムとツール …… 70
  - I-2 標準の眉 …… 71
  - I-3 基本の眉の描き方 …… 72
  - I-4 眉カットの方法 …… 73
- **II** アイメイク …… 74
  - II-1 アイメイクのアイテムとツール …… 74
  - II-2 基本のアイメイクの手順 …… 75
    - Step1 アイラッシュカーラーの使い方 …… 75
    - Step2 アイシャドウの塗り方 …… 76
    - Step3 アイラインの入れ方 …… 77
    - Step4 マスカラのつけ方 …… 78
- **III** リップメイク …… 79
  - III-1 口紅のアイテムとツール …… 79
  - III-2 リップメイクの基本のテクニック 〜紅筆〜 …… 80
  - III-3 リップメイクの基本のテクニック 〜リップペンシル〜 …… 81
- **IV** チーク …… 82
  - IV-1 チークのアイテムとツール …… 82
  - IV-2 チークの入れ方 …… 83
- **V** 基本のメイクの仕上がり …… 84

POINT CHECK …… 86

第3章 顔分析とイメージ演出……88
Facial Analysis & Image Direction

Chapter 1
形と質感……90

- **Ⅰ** 形のイメージ……90
- **Ⅱ** 形の錯覚とメイクへの応用……92
  - Ⅱ-1 直線と曲線
    〜眉、目もと、口もとへの応用〜……92
  - Ⅱ-2 上昇線と下降線
    〜眉、目もと、口もとへの応用〜……92
  - Ⅱ-3 眉と目の関係 〜対比〜……93
  - Ⅱ-4 アイメイクと目の関係
    〜横線の錯覚〜……94
  - Ⅱ-5 眉と顔の長さ 〜縦線の錯覚〜……95
- **Ⅲ** 質感と表現……96

Chapter 2
メイクアップデザイン……97

- **Ⅰ** スペースとバランスの調整法……97
  - Ⅰ-1 広すぎたり、狭すぎたりするスペースの
    見極め方とスペースの調整法……98
- **Ⅱ** 顔のゴールデンバランス理論……100
  - Ⅱ-1 顔型を意識した肌づくり……100
  - Ⅱ-2 眉で顔の長さのバランスを調整……102
  - Ⅱ-3 ほおの長さを調整……103
  - Ⅱ-4 目もとのバランス調整……104
  - Ⅱ-5 唇の調整法……106
- **Ⅲ** 横顔を美しく演出する
  ファイナルゾーン……107
  - Ⅲ-1 横顔メイクアップの重要性……107
  - Ⅲ-2 顔の印象を感じとる範囲……107
  - Ⅲ-3 横顔で重要なゾーン……108
  - Ⅲ-4 ファイナルゾーン・テクニック……108
- **Ⅳ** 要望に合わせたイメージ演出……110
- **Ⅴ** 顔分析の仕方……111
- **Ⅵ** テクニックを使ったイメージ演出……114
  - Ⅵ-1 キュート……114
  - Ⅵ-2 クール……116
  - Ⅵ-3 エレガンス……118
  - Ⅵ-4 大人っぽい……120
  - Ⅵ-5 ボーイッシュ……122
  - Ⅵ-6 ストロングアイズ……124
- **Ⅶ** メイクをデザインします……125

POINT CHECK……126

ジャパン・ビューティーメソッド協会
メイクアップ検定試験について……127

第 1 章

Basic | **Professional**

基礎理論

Basic Theory For Make-up

メイクアップの対象となる人間の"顔"は、世界中を探して似た顔立ちはあっても、

一人ひとり異なる特徴をもっています。その特徴を裏づけるものは、

1."土台となる"骨格、2."表情をつくる"筋肉、3."ふくらみをつくる"脂肪、

4."表面をおおう"皮ふ、5."目や鼻などの"パーツの5つです。

この要素の組み合わせによって、一人ひとりの個性が作り出されます。

それらを知ったうえで、メイクアップに大きな関わりのある色とはどういうものかを学んでいきます。

色がメイクアップにもたらす意味がわかり、色への意識を高めることは、

お客様の美しさを引き出すための要となっているのです。

実習に入る前に、お客様への接し方や衛生管理なども頭に入れていきましょう。

Chapter 1
顔を学ぶ

Basic
Professional

> **Check** このパートで学ぶこと
> ☐ 皮ふの構造を理解します
> ☐ 骨格と筋肉の基本的な知識を身につけます
> ☐ メイクで必要とするパーツの名称やバランスを押さえます

I 皮ふと顔の基本

I-1 皮ふ

[皮ふの役割]

皮ふは身体の表面を覆う人体最大の臓器です。
外界と身体が接している境界線で、
身体を守るなど、さまざまな働きを果たしています。
主な働きは以下の8つです。

❶ 水分を保つ

皮ふの最も外側にある角層には適度な水分を保つ
しくみがあります。さらに、「天然のクリーム」と呼ばれる
皮脂膜によって水分の蒸発を防ぎます。

❷ 紫外線から守る

過剰な紫外線によって皮ふはダメージを受け、
それが内部に及ぶとDNAが損傷します。それを防ぐために、
表皮でメラニン色素をつくって紫外線を防御します。
角層や表皮で太陽光線を反射、散乱させて
紫外線から肌を守ります。

❸ 皮脂を分泌して皮ふを保護する

皮ふ表面にはたくさんの分泌腺があり、汗や皮脂を
分泌しています。これらには、皮ふを保護する役割があります。
皮脂が少ないと乾燥につながり、多すぎると
ベタつきやニキビの原因になります。皮脂の分泌量は
年齢や性別、部位によって異なります。

❹ 細菌の増殖を防ぐ

皮ふの表面にはたくさんの皮ふ常在菌がいます。
皮ふ表面はいつも皮脂膜で弱酸性に保たれていて、
細菌の活動を抑えることでトラブルが発生するのを
防ぎます。

❺ 体温を調節する

皮ふには外界の温度変化に応じて体温を一定に保つ
働きがあります。汗をかいたり、毛細血管が拡張したり
して体温を下げたり、寒いときは毛細血管を
収縮させたり鳥肌を立てたりして熱の放出を防ぎます。

❻ 刺激に知覚を生じる

皮ふには、痛覚、温覚、冷覚、触覚、圧覚の刺激を
感じる皮ふ感覚受容器があります。感覚受容器は熱い、
痛いといった刺激を脳に伝えます。モノが触れている
ことを感じる触覚は、しっとり感やなめらかさなど、
化粧品の使用感に関わります。

❼ 外部の圧力から守る

押されたり、ぶつかったりして物理的な刺激が
加わったとき、皮ふはクッション役を果たして身体を
守ります。ひじ、ひざ、かかとなどが厚くなるのは、
関節を外部の圧力から守るためです。

❽ その他

ほかにも、(わずかながら) 皮ふ呼吸したり、
紫外線を浴びることで骨の発育に必要なビタミンDを
つくったりといった役割もあります。

［皮ふの構造］

皮ふは、表皮、真皮、皮下組織の3層から成り立っています。
顔の皮ふの厚さは、約2mmで、表皮（約0.2mm）と真皮（約1.8mm）から構成されます。
皮下組織は、主に皮下脂肪からなり、その厚さは、性別や年齢、部位によって差があります。

1 表皮

表皮は、厚さが約0.2mmのとても薄い層です。最も下にある基底層で核を持った基底細胞の状態で生まれ、有棘層（ゆうきょくそう）、顆粒層（かりゅうそう）と形を変えながら約4週間で扁平な角層細胞となり、角層をつくります。角層は約2週間とどまり、垢（あか）となって剥がれ落ちます。

角層（約0.02mm）は、生理学的にみると死んだ細胞ですが、実際には美肌の鍵を握る保湿機能（水分を保持して肌の潤いを保つ機能）を果たすなど、重要な機能を持っています。表皮を構成する細胞が生まれてから剥がれ落ちる皮ふの生まれ変わりを、ターンオーバーといいます。約6週間で、すべての細胞が入れ替わります。

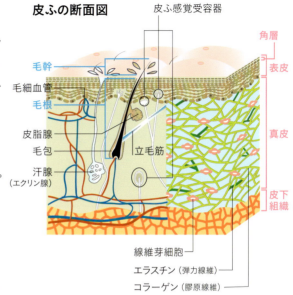

皮ふの断面図

2 真皮

真皮は、表皮の下にあり、厚さは、約1.8mmです。その中には縦横に走るコラーゲンと、エラスチンが存在し、コラーゲンが鉄骨のように形をつくり、エラスチンがしなやかさを与えます。その間を、基質（ヒヤルロン酸など）が満たし、水分や栄養分を保つ働きを担っています。これらをつくり出しているのが線維芽細胞です。線維芽細胞の機能を維持するためには、血液とリンパの流れが良好であることが大切です。真皮は、表皮のターンオーバーと異なり、数年から数十年かけて少しずつゆっくりと生まれ変わります。

3 皮ふが薄い部位

目もと、唇は皮ふが薄い部位なので、メイクの際に注意が必要です。

部位	特徴	状況
目もと	●真皮が薄く皮下脂肪も少ないため、皮ふが薄い ●皮脂腺、汗腺が少ないため皮脂膜の形成が不完全	水分が蒸発しやすく、乾燥しやすい
	●表情やまばたきなど表情筋の動きが激しい	シワ、タルミができやすい
	●薄い皮ふを通してうっ血した血液の色が透けて見える ●こする、掻くなどの行為により刺激を受けやすい	クマ、くすみができやすい
口もと	●唇は粘膜でできている ●角層（角質層）が極めて薄い ●表皮のターンオーバーが数日と短い ●皮脂腺・汗腺がなく、保湿機能やバリア機能が低い	乾燥しやすく敏感になりやすい メイク時などに摩擦が繰り返されることで、皮ムケや荒れが目立つ
	●メラニン色素をつくるメラノサイトが少ないため、唇の色は血液の色が反映される	血行不良だと唇全体の色が悪くなり、輪かくが紫がかる

I-2 顔の骨格

顔は各パーツの骨がそれぞれ「縫合」という関節でつながり、
複雑に精緻に組み合わさっています。その特徴は、年齢、性別、人種などによって異なります。
メイクアップに関連する骨について覚えておきましょう。

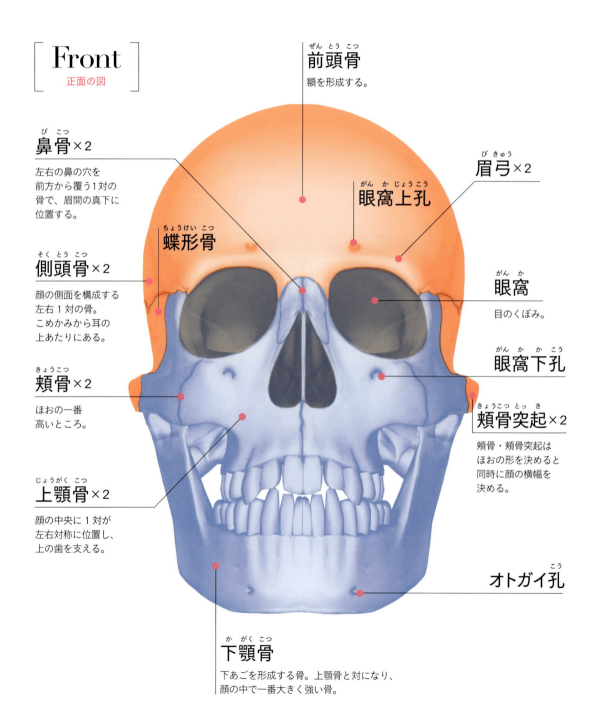

[Front 正面の図]

前頭骨（ぜんとうこつ）
額を形成する。

鼻骨（びこつ）×2
左右の鼻の穴を前方から覆う1対の骨で、眉間の真下に位置する。

眉弓（びきゅう）×2

眼窩上孔（がんかじょうこう）

蝶形骨（ちょうけいこつ）

側頭骨（そくとうこつ）×2
顔の側面を構成する左右1対の骨。こめかみから耳の上あたりにある。

眼窩（がんか）
目のくぼみ。

眼窩下孔（がんかかこう）

頬骨（きょうこつ）×2
ほおの一番高いところ。

頬骨突起（きょうこつとっき）×2
頬骨・頬骨突起はほおの形を決めると同時に顔の横幅を決める。

上顎骨（じょうがくこつ）×2
顔の中央に1対が左右対称に位置し、上の歯を支える。

オトガイ孔（こう）

下顎骨（かがくこつ）
下あごを形成する骨。上顎骨と対になり、顔の中で一番大きく強い骨。

第1章 基礎理論

[**Side** 横からの図]

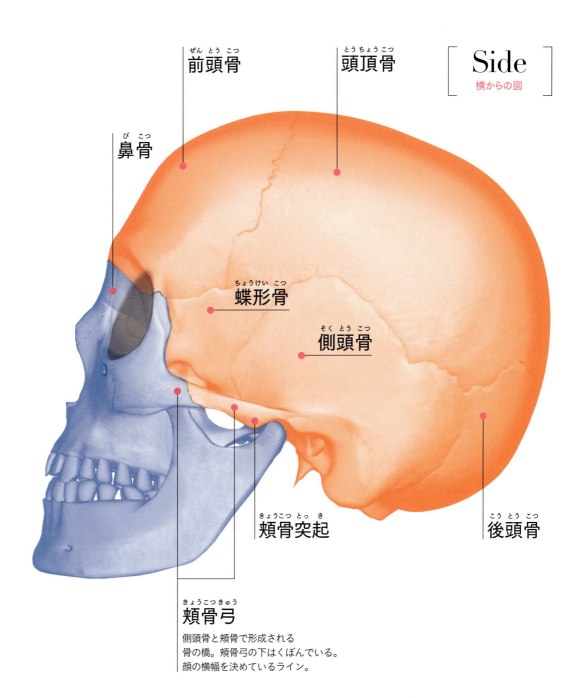

前頭骨（ぜんとうこつ）
頭頂骨（とうちょうこつ）
鼻骨（びこつ）
蝶形骨（ちょうけいこつ）
側頭骨（そくとうこつ）
頬骨突起（きょうこつとっき）
後頭骨（こうとうこつ）

頬骨弓（きょうこつきゅう）
側頭骨と頬骨で形成される
骨の橋。頬骨弓の下はくぼんでいる。
顔の横幅を決めているライン。

15

I-3 顔の筋肉（表情筋）

目や口、鼻を動かす筋肉は約30種類あり、相互に作用しながら表情をつくります。
この筋肉の衰えがたるみやシワの原因です。

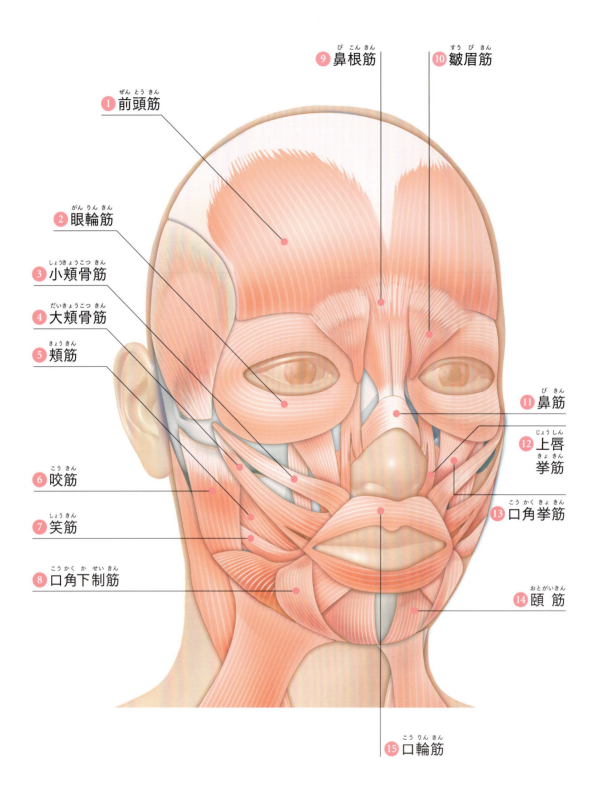

❶ 前頭筋（ぜんとうきん）
❷ 眼輪筋（がんりんきん）
❸ 小頬骨筋（しょうきょうこつきん）
❹ 大頬骨筋（だいきょうこつきん）
❺ 頬筋（きょうきん）
❻ 咬筋（こうきん）
❼ 笑筋（しょうきん）
❽ 口角下制筋（こうかくかせいきん）
❾ 鼻根筋（びこんきん）
❿ 皺眉筋（すうびきん）
⓫ 鼻筋（びきん）
⓬ 上唇挙筋（じょうしんきょきん）
⓭ 口角挙筋（こうかくきょきん）
⓮ 頤筋（おとがいきん）
⓯ 口輪筋（こうりんきん）

❶ 前頭筋(ぜんとうきん)
眉の上から縦に伸びる筋肉。眉を上げる。この筋肉が衰えると、額に横ジワができる。

❷ 眼輪筋(がんりんきん)
目の周りを囲み、開閉する筋肉。衰えると、目じりのシワ、まぶたのたるみになる。

❸ 小頬骨筋(しょうきょうこつきん)
口元を斜めに引き上げる。衰えるとほおがたるむ。

❹ 大頬骨筋(だいきょうこつきん)
目尻の横から唇に向かって斜めに伸びる。口角を引き上げる。

❺ 頬筋(きょうきん)
上下のあごの関節から口の両端に伸び、口角を引き上げる。衰えると口もとがたるむ。

❻ 咬筋(こうきん)
咀嚼筋とも呼ばれ、噛むときにアゴを閉じる。

❼ 笑筋(しょうきん)
エラから口もとに伸びて、口角を外に伸ばす。

❽ 口角下制筋(こうかくかせいきん)
口角を下に引く筋肉。衰えると、口角からあごにかけて縦ジワができる。

❾ 鼻根筋(びこんきん)
眉間の皮ふを引き上げる。眉間の縦ジワをつくる。

❿ 皺眉筋(すうびきん)
眉間を中心に眉に沿って走り、眉を上下させ、眉間の縦ジワをつくる。

⓫ 鼻筋(びきん)
鼻の穴を広げたり、狭めたりする。

⓬ 上唇挙筋(じょうしんきょきん)
上唇と鼻翼を上方に引き上げる。

⓭ 口角挙筋(こうかくきょきん)
口角を上方に上げる筋肉。

⓮ 頤筋(おとがいきん)
唇の下に伸びる。あごを引き上げて、ラインを引き締める。衰えると二重あごになる。

⓯ 口輪筋(こうりんきん)
口もとを囲む筋肉。唇を閉じたり、唇を突き出すときに働く。

I-4 顔のパーツ

メイクアップの際に用いる顔のパーツの名称を覚えましょう。

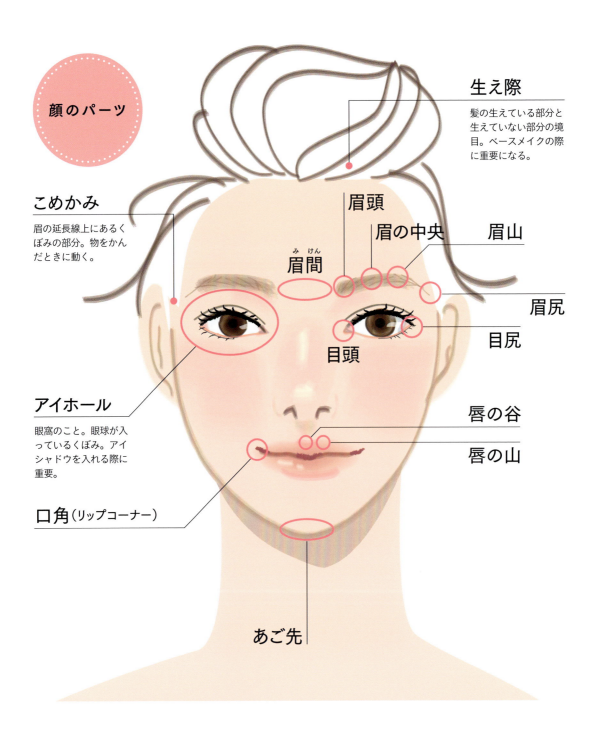

第1章 基礎理論

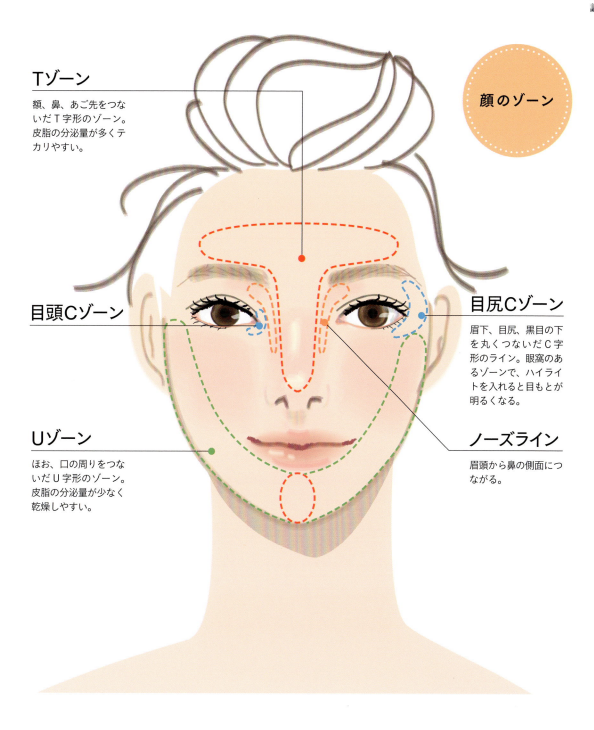

顔のゾーン

Tゾーン
額、鼻、あご先をつないだＴ字形のゾーン。皮脂の分泌量が多くテカリやすい。

目頭Cゾーン

Uゾーン
ほお、口の周りをつないだＵ字形のゾーン。皮脂の分泌量が少なく乾燥しやすい。

目尻Cゾーン
眉下、目尻、黒目の下を丸くつないだＣ字形のライン。眼窩のあるゾーンで、ハイライトを入れると目もとが明るくなる。

ノーズライン
眉頭から鼻の側面につながる。

Ⅱ 顔のプロポーション

目、鼻、口など、顔を構成する要素は同じですが、顔の特徴は一人ひとり異なります。
また、顔から受ける印象もさまざまです。それを決める重要な要素が、顔のプロポーションです。
まずは、基本となる「標準のプロポーション」を理解しましょう。

Ⅱ-1 標準のプロポーション

顔の特徴を判断するときの「モノサシ」となります。

[顔の標準のプロポーション]

顔型：卵型

❶ 顔幅：生え際からあご先までの長さ＝1：1.4

❷ 顔幅：眉山からあご先までの長さ＝1：1

❸ 目の位置
生え際から口角までの長さの1/2
※頭頂からあご先までの1/2

❹ 眉の位置
生え際からあご先を1とした上から1/3

小鼻の位置
生え際からあご先を1とした上から2/3

❺ 口の位置
小鼻からあご先までの長さの1/2に
下唇の下線がくる

❻ 目幅
目と目の間にもうひとつ目が入るくらい

❼ 鼻幅
目幅と同じ幅

❽ 口幅
両目の虹彩(黒目)の内側を下ろしたところが目安

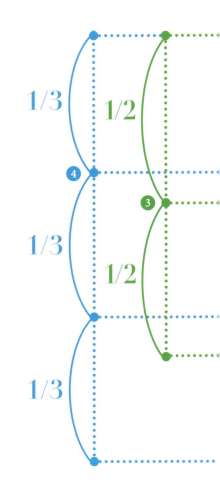

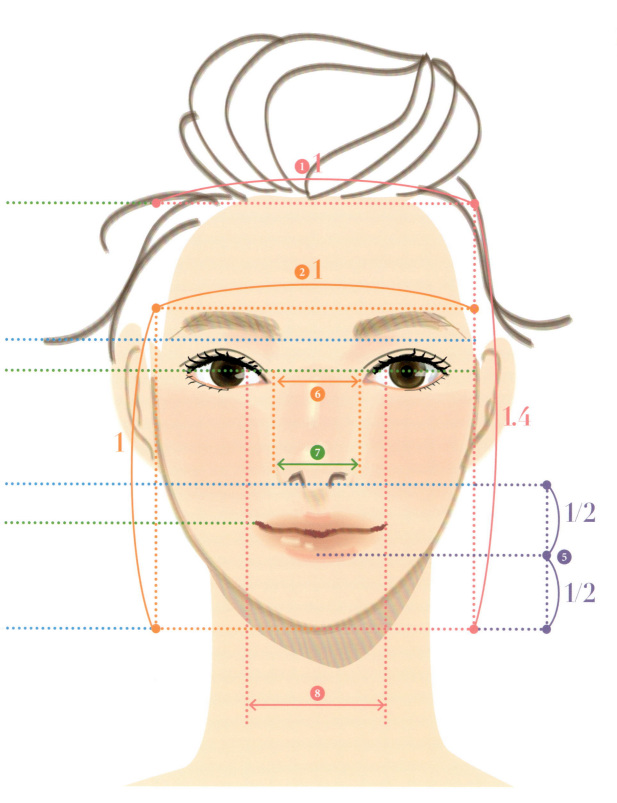

第1章 基礎理論

［眉の標準のプロポーション］

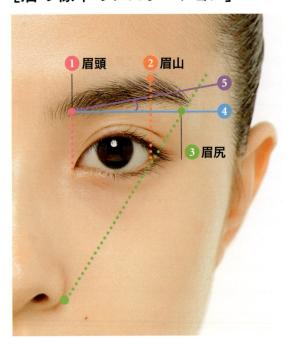

- ❶ **眉頭の位置**は目頭の真上
- ❷ **眉山の位置**は眉頭から約2/3で。白目の終わりの真上
- ❸ **眉尻の位置**は小鼻と目尻を結んだ延長線上
- ❹ **眉尻の高さ**は眉頭と水平
- ❺ **眉の下側の角度**は約10度

［目の標準のプロポーション］

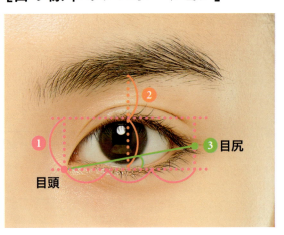

- ❶ 目の縦幅：横幅＝1：約3
- ❷ 目の縦幅：まぶた幅＝1：1
- ❸ 目尻の角度は約10度

［唇の標準のプロポーション］

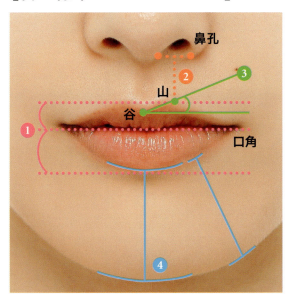

❶ 上唇：下唇＝1：1.3〜1.5

❷ 山の位置は、
鼻孔の中心を下ろしたところ

❸ 上唇の谷から山への角度は
10〜15度

❹ 下唇の形と底辺は、
あご先とほぼ同じで、
上唇の山と山の幅よりやや長め
あごのラインとほぼ平行

［ほおの標準のプロポーション］

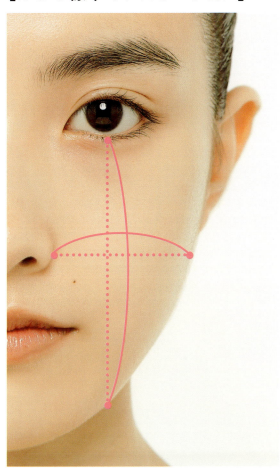

小鼻の横から輪かくまでの水平線：
ひとみの真下から輪かくまでの
垂直線＝1：約2

II-2 自分の顔を測ってみましょう

鏡を見ながら自分の顔の長さを測り、前ページの「標準のプロポーション」をもとに、「顔分析」しましょう。

※写真をプリント（A4サイズくらい）して、自分の顔を測ってみましょう。

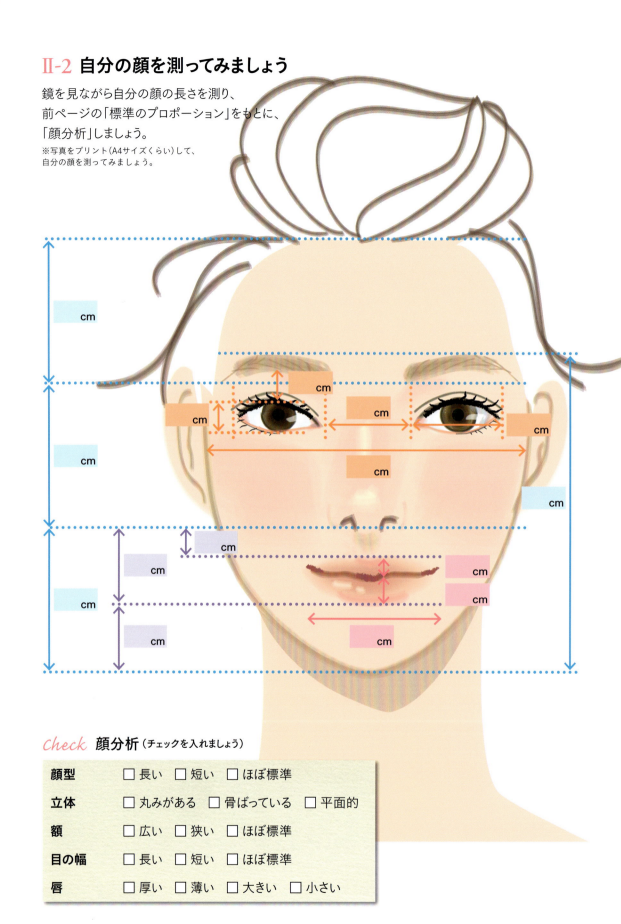

Check 顔分析（チェックを入れましょう）

顔型	□ 長い	□ 短い	□ ほぼ標準	
立体	□ 丸みがある	□ 骨ばっている	□ 平面的	
額	□ 広い	□ 狭い	□ ほぼ標準	
目の幅	□ 長い	□ 短い	□ ほぼ標準	
唇	□ 厚い	□ 薄い	□ 大きい	□ 小さい

II-3 顔の長さとイメージ

顔の長さは、顔の特徴をとらえるうえで大切な要素です。
顔の「横：縦」の比率の違いによって顔のイメージがどのように変わるかを理解しましょう。

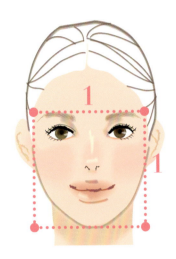

標準の顔の長さ

横幅1に対し、
眉山からあご先までの比率が1。

横 ＝ 縦
1 ＝ 1

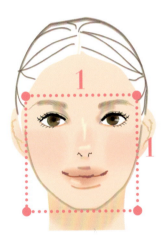

短く感じる顔

縦が1よりも短い。
子供っぽく幼い感じがする。

横 ＞ 縦

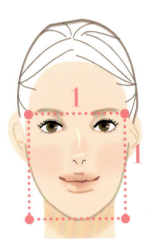

長く感じる顔

縦が1よりも長い。
大人っぽく落ち着いた感じがする。

横 ＜ 縦

II-4 パーツの配置とイメージ

顔の輪かくや目・鼻・口などのパーツが同じでも、その配置によってイメージが変わります。
その例をいくつか見てみましょう。

子供タイプ

目と目の間が広い
優しい、おおらか、おっとりとした

額が広く、あごが短いまたは小さい
パーツ全体が下に集まっている
若々しい、かわいらしい

目と口の間が狭い
パーツ全体が中心に集まっている
活発な

大人タイプ

目と目の間が狭い
シャープな

額が狭く、あごが長いまたは大きい
パーツ全体が上に集まっている
意思が強い

パーツの間の空間を感じる
おだやか、おっとりとした

II-5 顔の印象1 〜年齢と顔の変化〜

顔型、縦横のバランス、パーツの配置は、年齢によって変化します。
下は、年齢ごとの顔の特徴をまとめたもの。これらの特徴により、顔が若く見えたり、
大人っぽく見えたりします。また、メイクでバランスを変えることによって、
見た目年齢のイメージを変えることができます。

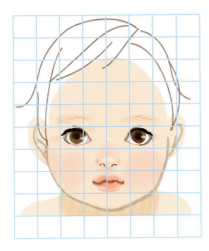

幼児

- 咀嚼器官が未発達のため、顔の下半分が短く小さい
- 目と口の間が狭い
- 目と目の間が広い
- 哺乳するために口幅は小さく、おちょぼ口
- 鼻の長さは短く、幅も狭い
- 眉毛が薄い

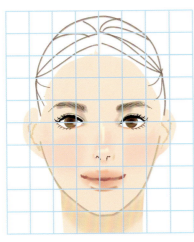

成年

- 咀嚼器官が発達して顔の下半分がしっかりし、顔が長くなってくる(顔型はさまざま)
- 目と口の間が広い
- 目と目の間が狭くなる
- 歯が生えそろい(乳歯20本から永久歯32本へ)、口幅も大きくなる
- 眉毛がしっかりとして濃くなってくる

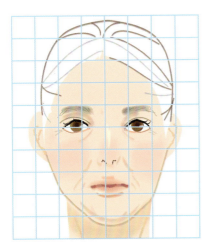

中高年

- 加齢による筋肉のたるみで、ほおの肉づきや目の形状、あごのラインが変化する
- 唇がしぼみ、薄くなる
- まつ毛や眉毛が薄くなる
- シワが増える

II-6 顔の印象2 〜直線と曲線〜

顔の形、パーツの形を構成しているのは「直線」と「曲線」です。直線を感じる顔立ちなのか、曲線を感じる顔立ちなのかで、パーツや顔全体の印象が変わります。

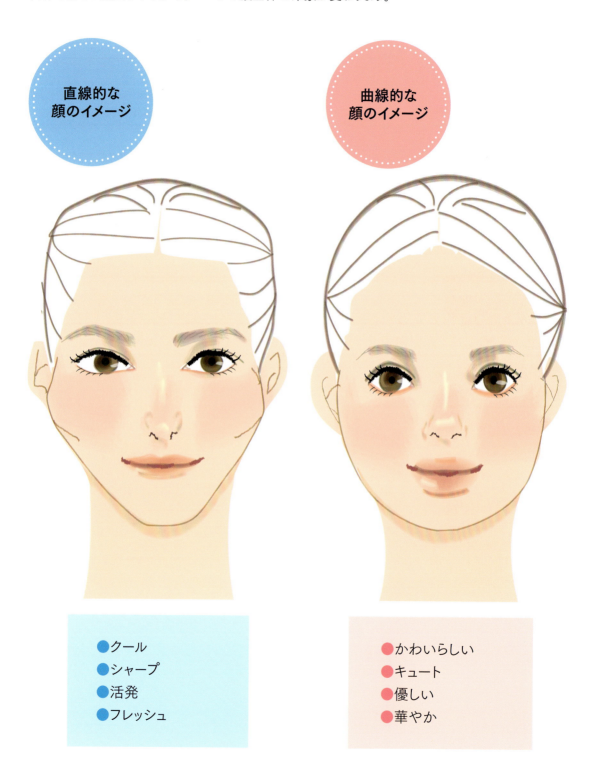

直線的な顔のイメージ
- クール
- シャープ
- 活発
- フレッシュ

曲線的な顔のイメージ
- かわいらしい
- キュート
- 優しい
- 華やか

部位	直線を感じる	曲線を感じる
額	●生え際が角ばっている ●直線的な額	●生え際が丸い ●曲線的な額
フェイスラインの下半分（あご）	●あごの線がほっそりしている ●あごの線が角ばっている	●あごの線が丸みを帯びている
ほお	●ほお骨が目立ち、骨格がしっかりしている	●ほお骨がなだらかでふっくらしている
目	●切れ長の目 ●目尻が上がっている	●丸い目 ●目尻が下がっている
鼻	●鼻先がとがっている ●鼻筋がしっかりしている ●鼻筋が長い	●鼻先が丸い ●鼻筋が短い
口	●唇の山がとがっていてくっきりしている ●唇が薄い	●唇の山がなだらか ●唇が厚く、ふっくらしている
眉	●眉はカットしたり抜いたりして形を変化させやすいので、イメージの判断基準になりにくい	

Chapter 2
色を学ぶ

Basic
Professional

> **Check** このパートで学ぶこと
> ☐ メイクに欠かせない要素である色の理論を学びます
> ☐ 色にはどんな分類があるのかを理解します
> ☐ 色の組み合わせ方の基本と、その効果を学びます

I 色とは何か

私たちの生活には、さまざまな色があふれています。
四季の移ろいを楽しんだり、草花や美をもとめ美術品を楽しんだり、
料理を見て「おいしそう」と感じたりするとき、色から得たイメージが関わっています。
メイクにおいて、「色」は「形」と同様にとても重要な要素です。形が同じでも、
色が変わればイメージも変わってしまうほど、メイクアップ全体に影響を与えます。
また、肌色や服装の色との組み合わせも重要な要素に。トータルで美しさを演出するには、
色を理解し、その効果を取り入れることが不可欠です。色とは、私たちが感じる重要な感覚。
色について理解し、色への意識を高めることで、メイクされる人(お客様)の美しさを
より一層引き出すことができるでしょう。

II 有彩色と無彩色

色にはさまざまな分類法があります。
そのひとつが「有彩色」と「無彩色」です。
赤・黄・青・緑など、色みを感じる色が有彩色、
白、黒、灰色など色味を感じない色が無彩色です。
茶色などのくすんだ色は、
鮮やかさを感じさせない色ですが、
少しでも色味を感じるなら、有彩色になります。

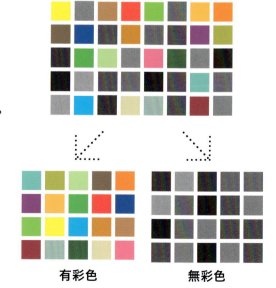

有彩色　　　無彩色

Ⅲ 色の3属性

1 色の3属性

色の名前には、赤・黄・青・緑などがありますが、同じ赤でも、
鮮やかなイチゴの赤や、深みのある赤ワインの赤など、さまざまな赤があります。
このような、色の性質を分類するための指標となるのが色の3属性です。
「色の3属性」には、色相・明度・彩度の3つがあります。

色相

色相とは、赤・黄・青・緑といった色合いのことをいいます。（詳しくは、32ページ）

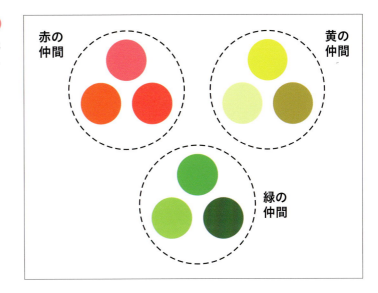

明度

同じ色でも、明るい色と暗い色があります。この「明るさ」「暗さ」を表すのが明度です。同じ赤い口紅でも、明度の高い色は明るく見え、明度の低い色は暗く見えます。明度は、有彩色にも無彩色にもあります。無彩色の場合、白に近いほど明度が高く（明るい色）、黒に近いほど明度が低く（暗い色）なります。

彩度

色の鮮やかさの度合いを決めるのが彩度です。彩度は色みの強さによって決まり、色みが強い色は彩度が高く、色みの弱いくすんだ色は彩度が低くなります。

2 表色系

色彩感覚は、その人によって異なります。「鮮やかで明るい赤」といっても、自分の思っている色と相手が思っている赤とが一致するとは限りません。そのため、正確に色を伝えるために、数字や記号で定量的にあらわす方法が考えられました。この表し方を「表色系」といいます。
表色系には、顕色系と混色系の2種があります。顕色系のなかには、マンセルシステムやPCCSなどがあり、下の図版のように「色相・明度・彩度」といずれも色を3つの属性で表し、分類しています。

マンセルシステム

マンセルシステムは、アメリカの画家であるマンセルが考案した体系です。色相、明度、彩度のすべてが等間隔になるように作成し、色相を円周、明度を高さ、彩度は半径にとった円柱の形となっています。

PCCS色立体概念図&相環

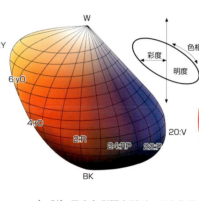

（一財）日本色彩研究所が、日本色研配色体系 Practical Color Co-ordinate System（PCCS）で発表した、主に色彩調和を目的にしたカラーシステムです。特徴としては、明度と彩度をトーンという複合概念でまとめています。

暖色系と寒色系

色のもつ性質に対し、人がどんな風に感じるか、感情面からとらえた分け方です。色相環の中の「暖かみを感じる色相」を「暖色系」、「冷たく感じる色相」を「寒色系」といいます。

暖色系
太陽の赤、燃える炎、情熱、興奮など

寒色系
流れる水、涼しさ、冷たさ、すがすがしさ、知性など

中間色
暖かさも冷たさも感じない色。平和、おだやかさなど

トーン1（色調）の分類

色の3属性の中の明度と彩度は、見分けにくい性質があり、「明度が高く彩度が低い赤」といっても相手に伝わりません。そこで、明度と彩度を一緒に考える方法として「色のトーン（色調）」があります。色をトーンとして把握すると、イメージしやすいでしょう。

配色を考えるときに便利な特殊印刷色紙で199色の「新配色カード199a」

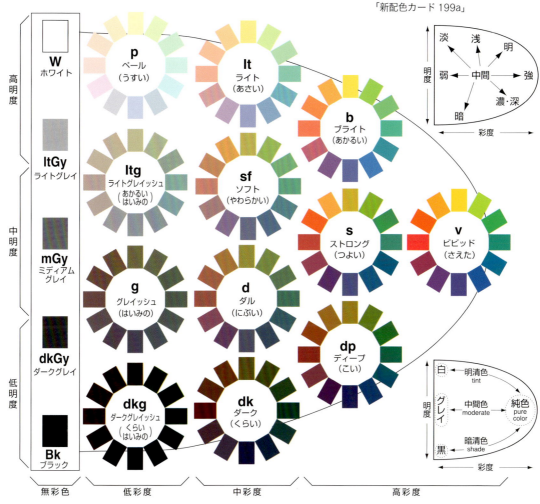

データ提供：日本色研事業（株）PCCS

トーンの持つイメージ

ペール
ロマンティック、淡い、優しい、清らか、子供っぽい

ライトグレイッシュ
落ち着いた、渋い、おとなしい

グレイッシュ
モダンな、濁った、シック

ダークグレイッシュ
重い、硬い、男性的

ライト
明るい、爽やか、穏やか、陽気

ソフト
柔らかな、ぼんやりした、穏やか

ダル
鈍い、くすんだ、重い

ダーク
円熟した、大人っぽい、重厚、クール

ブライト
明るい、陽気、健康的

ストロング
くどい、動的、情熱的

ディープ
深い、充実した、伝統的、濃い、渋い

ビビッド
派手、鮮やかな、イキイキとした、目立つ

Ⅳ 混色

2色以上の色を混ぜ合わせて、別のひとつの色をつくり出すことを「混色」といいます。
私たちが普段見分けているほとんどの色は、3つの色が割合を変えながらつくり出している色で、
その方法にはいくつかのタイプがあります。

1 加法混色

舞台照明のスポットライトは、色のついた光を重ね合わせると、元の色より明るくなります。光の混色は、混ぜ合わせることによって明るさが足し算になるので(加法)、「加法混色」といいます。

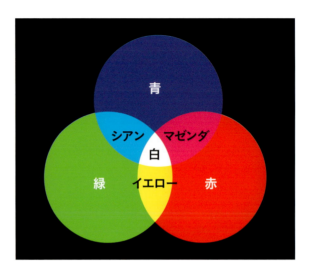

2 減法混色

ひとつの光に三原色(イエロー、マゼンダ、シアン)の色フィルターを重ねていく方法で、いろんな色をつくり出しますが、その結果元の色より暗くなるので、「減法混色」といいます。

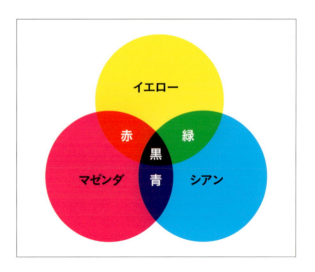

3 色材の混色

私たちの生活のなかで目にする色は、塗料や染料、絵具などさまざまな色材の混色によって
つくり出されています。それは加法や減法のこともあれば、両方の原理によることもあります。
たとえば、絵具の混色は、減法混色を中心に並置加法混色(加法混色の一種)が共存しています。
メイクアップでは、化粧品のほとんどが絵具と同様の混色方法なので、
「色材の混色」の原理です。そのうえ、肌の色との混色では、複雑な反射や
透過が繰り返されるため、減法混色の法則どおりにはいきません。

Ⅴ 色の視覚効果

色は目から入る視覚情報で、色の使い方や組み合わせ方で、さまざまな視覚効果が出ます。色の視覚効果は、メイクアップにも応用することができます。代表的な色の視覚効果には、「対比」「膨張色と収縮色」「進出色と後退色」「同化効果」などがあります。

第1章 基礎理論

1 対比

2つの色を組み合わせたとき、互いが影響し合い、その違いが協調されます。（中心部の色は左右同じです。）

色相対比

異なる色相が配置されたとき、囲まれている色が背景色の補色の方向にシフトして見えます。たとえば、右図のように、中心部の肌色の周りが黄緑であると、赤みがかって見え、周りが紫であると、黄みがかった肌色に見えます。

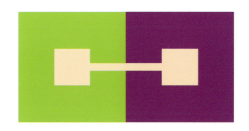

明度対比

背景が明るいと暗く見え、背景が暗いと明るく見えます。たとえば、右の図の中心部の肌色は、背景を白（明るい）に囲まれていると暗く見え、黒（暗い）に囲まれていると明るく見えます。

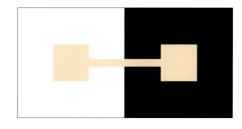

彩度対比

彩度の差によって、鮮やかさの度合いが違って見えます。たとえば、右の図のように、彩度の高い色に囲まれているよりも、彩度の低い色に囲まれているほうが鮮やかに見えます。

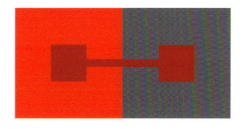

\ Check /
メイクアップへの応用

同じ色の口紅を塗っても、周りの肌色によって見え方が異なります。イラストA、Bは同じペールピンクの口紅をつけています。

明るい肌色にペールピンクの口紅をつけると、口紅は自然になじんで見えます。

健康的な小麦色の肌にペールピンクの口紅をつけると、口紅の色が明るく浮いて見えます。

2 膨張色と収縮色

一般的に明度が高い色は、明度が低い色に比べて物体を大きく見せるため「膨張色」と呼びます。
逆に明度の低い色は、明度の高い色に比べて引き締まり、収縮して見えるため
「収縮色」と呼びます。色だけでなく、影をつけて立体感を出すと、さらに小さく感じます。

いちばん小さく見える円は ?

 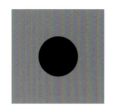 

白い円より黒い円のほうが小さく見え、
影をつけた立体的な円は黒い円よりも小さく見えます。
実は、3つの円は同じ大きさです。

\ Check /
メイクアップへの応用

1色使いのAよりも、フェイスラインにシャドウカラーをのせたBのほうが、顔の立体感が強調され、顔が小さく見えます。

A　　　　B

3 進出色と後退色

暖色や明度の高い色と、寒色や明度の低い色とでは、同じ距離であっても見え方が異なります。近くにあるように感じる色を「進出色」といい、逆に遠くにあるように感じる色を「後退色」といいます。色相による影響が強く、さらに明度も関係します。

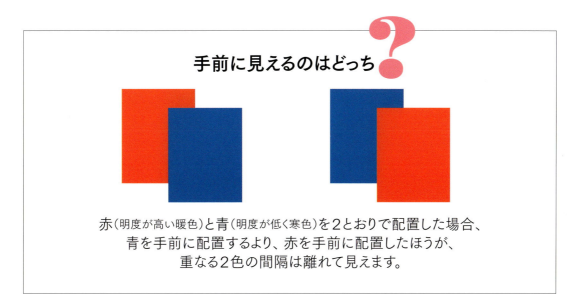

手前に見えるのはどっち？

赤（明度が高い暖色）と青（明度が低く寒色）を2とおりで配置した場合、青を手前に配置するより、赤を手前に配置したほうが、重なる2色の間隔は離れて見えます。

\ Check /
メイクアップへの応用

Aのように、明るい色のアイシャドウを使うとまぶたはふっくらして見え、Bのように暗い色のアイシャドウをつけるとまぶたがくぼんで見えます。

A

B

4 色の同化現象

ヘアカラーでは、地の色をより明るくすることを「ハイライト」といい、より暗くすることを「ローライト」といいます。髪は、線の集合体なので、ヘアカラーのハイライトやローライトなども、この同化現象がおきているのです。

ハイライト　　　　ローライト

Chapter 3
メイクアップの心得

Basic / Professional

> **Check** このパートで学ぶこと
> ☐ メイクアップをする際の基本的な姿勢や注意点を学びます
> ☐ メイクアップでの手や道具の使い方を学びます
> ☐ 衛生管理を学びます

I メイク(実習)に使う手

I-1 化粧指とは

メイクアップで主役となる指は**薬指**です。
そのため、薬指は「紅差し指」とか
「化粧指」と呼ばれています。
その理由は、腕と指の構造に関連しています。
私たちの腕(前腕)は、太い橈骨と細い尺骨という
2本の骨でできています。手のひらを上に向けたとき
2本は並行になり、下に向けたとき2本はクロスします。
こうした動きを制御するのは、5本の指の中心にある
中指と考えがちですが、2本の太さが異なるため、
感覚制御は薬指が行っています。
つまり、薬指を意識して行うと、手の細かい動きが
スムーズになるのです。薬指(化粧指)を使うことで、
メイクアップの動作も美しく見えます。

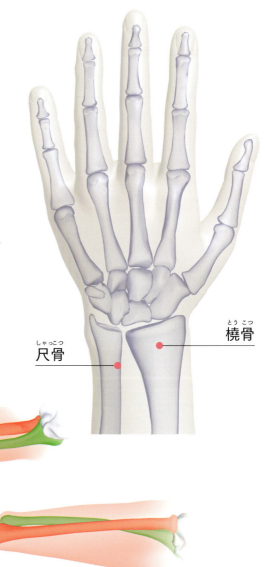

I-2 指と手のひらの使い方

顔は立体的で、額、ほお、まぶた、鼻、口の周りなど、すべてのパーツには大きさ、角度の異なる「カーブ（丸み）」が存在します。メイクアップでは、こうした顔の丸みを意識し、手でしっかりと感じ取りながら、適切な力加減で触れることが重要です。

1 基本の手・指の使い方

薬指と中指の、指の腹を中心に使います。指の力を抜いて、顔のカーブに沿わせるようにします。手のひら全体で、顔を包むように使うこともあります。

この部分を使う

手のひら全体で優しく包むようにすると、お客様に対して安心感のあるタッチができます。

指が反り、指の一部分のみに力がかかってしまいます。これでは、優しい力加減ができません。

2 細かいカーブ

小鼻の脇などの細かい部分も、基本の指・手の使い方を意識しましょう。

横から見ると

狙いたい部分に中指と薬指の腹が優しくあたり、その他の指も優しくそえます。

人差し指は、指の中で最も力が入りやすい指なので、肌のタッチが強くなってしまいます。

指の腹を使わず、指先だけで触れると、肌へのタッチが強く雑に感じられ、心地よいタッチになりません。

---

point

力加減について

正しい力加減

- お客様の頭や皮ふが動かない程度の優しい力加減
- 顔の立体や丸みに沿わせて、指や手を優しく動かします

弱すぎる

頼りなく、気持ちの悪い印象を与える

強すぎる

痛く、乱暴で、粗雑に扱われているような印象を与える

I-3 そえ手

肌に軽く手をそえることを「そえ手」といいます。そえ手は、施術をする際に大切な動作になります。
そえ手をすることで、お客様に負担をかけず、肌に軽くハリを持たせて、
ポイントのクレンジングやメイクをスムーズに行うことができます。

目まわりのそえ手

上まぶたの際のアイシャドウ

薬指と中指を眉山の上にあて、引き上げます

**上まぶたの際の
アイシャドウやマスカラ**

薬指と中指を眉山の下の骨の部分にあて、指の腹で引き上げます

**目尻のアイシャドウや
アイライン**

薬指と中指を眉尻の下にあて、斜めに引き上げます

**目尻のアイシャドウや
アイライン**

薬指と中指を目尻の横にあてて、横に引きます

**利き手側の
下まぶたのそえ手**

眼窩の骨の部分に薬指と中指をあて、皮ふを軽く引き下げます

**利き手側と反対の
下まぶたのそえ手**

指の腹から手のひら全体を、ほおに縦向きにあてて支えます

口もとのそえ手

口角

薬指を口角の横におき、口角を引き上げます

II 立ち方と姿勢

II-1 実習時の立ち方

メイクアップの実習を始めるにあたり、お客様に不快感を与えない姿勢や距離感を学んでいきましょう（メイクする人を「技術者」、メイクされる人を「お客様」と呼びます）。この本では、右利きの方でやり方をご紹介しますので、左利きの方は利き手や立ち位置などを逆にして実践してください。お客様の身体は、板のように平板なものではなく、丸みがあります。技術者は、この丸みを意識して、常にお客様に対して正対（相手に対し、正面から向き合うこと）することが重要です。

1 技術者に近いほうの顔をメイクする

OK
- 技術者の腕の長さを目安に、距離を保ちます
- 右足を一歩踏み込み、施術するパーツと正対するように向き合います
- お客様の肩先が自分の身体の中心線にくるようにし、お客様と技術者の身体の向きが直角になるように立ちます
- 左足を少し後ろに引きます

NG
お客様との距離が近すぎると、お客様の顔全体が見えなくなります

2 技術者から遠いほうの顔をメイクする

OK
- 「私のほうをご覧ください」と声をかけ、顔が見やすくなるようにします
- メイクする側から遠いほう（この場合は右側）から回り込みます
- お客様の正面に立ちます
- 目線を水平に保ち、技術者の頭はなるべく傾かないようにしましょう
- 正対を意識します

NG
上から覗き込むと、形や長さをとらえにくくなり、仕上がりに影響します

3 鏡の活用

鏡はメイクアップに欠かせませんが、上手に使えていない人が少なくありません。鏡を上手に利用できないと、メイクアップの仕上がりに大きく影響します。

point 鏡を上手に活用すると
- 大きい鏡では、技術者もお客様と一緒にメイクを確認しましょう
- 小さな手鏡は、顔の立体に合わせて、上にしたり下にしたりと、角度が変わるごとにご案内しましょう

II-2 実習時の体勢（座って行うとき）

メイクアップは、技術者が必ずしも立って行うとは限りません。
座って行う場合や、お客様の前に鏡をおいて行う場合でも、
お客様との距離感や体勢を意識しましょう。

1 座って行うとき

利き手側の太ももと、お客様の太ももが平行になるように、向かい合って座ります。

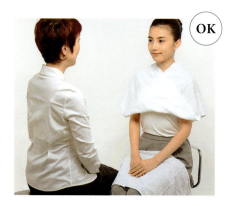

お客様の真正面に座ると、ひざとひざがぶつかりやすくなります。お客様の足をひざではさむような座り方はしないこと

お客様の足と自分の足が直角だと、メイクするとき腰がひねれて身体に負担がかかります

2 テーブル・鏡に対するとき

鏡の角度をテーブルに対して10〜20度程度斜めにしておきます。
斜めに座っていただくことで、技術者より遠いほうのお客様の顔を確認しやすくなります。
テーブル（カウンター）の上に鏡をおいてメイクするときは、お客様は、鏡と平行に座っていただきます。
テーブルの間に身体ひとつ入るくらいの間隔を空けていただきます。

10°〜20°

お客様の真正面に鏡があり、テーブルが近づきすぎています。技術者がお客様の顔を確認しにくく、スムーズな施術がきません

> **point**
>
> **左右対称に仕上げるポイント**
>
> 1 少し離れて全体を見る
>   施術部位に正対しているかを意識する
>
> 2 まわりこまなくてもよい姿勢
>   動きをよく見る

III 衛生管理

肌に直接触れるメイク道具は、いつも清潔に保つことが基本です。
お客様に気持ちよく施術を受けていただくためにも、使用したブラシ、パフ、タオルは
常に清潔に管理し、使用する化粧品も常に衛生的にケアしましょう。
使用した用具は、毎日の仕事の後の日課として洗う習慣をつけてください。

1 化粧品のケア

スキンケア／ファンデーション	使用後はキャップをすぐに閉める。ボトルの口にたまらないように気をつける
口紅など	直接ブラシにとるのではなく、スパチュラを使用する
メイクパレット／コンパクト	フィルムシートや鏡も拭く
フェイスパウダー	ケースの縁を拭く。特に持ち運ぶ際は、逆さにしない。汚れたパフは入れない

2 メイクツールのケア

タオル	糸のほつれや汚れのない清潔で柔軟なタオルを使用する 持ち運ぶ際は、クルクル丸めるとシワになりにくい
ボトル	水、消毒用エタノールなどを詰め替えた場合、ラベルを作成し貼る
スパチュラ／パレット	使用するごとにティッシュで拭く。汚れが取れない場合は中性洗剤で洗う
その他	お客様がかわるごとに、常に清潔なパフやスポンジを使用する 鏡は指紋に気をつけピカピカに磨く

3 使用後のケア

ブラシ	毎回使用後は、ブラシに残ったパウダーをティッシュで優しく拭き取る
コンシーラーブラシ／ファンデーションブラシ	中性洗剤を使用し、ぬるま湯で根元から毛先に向かって汚れを優しく押し出すようにして洗う
アイシャドウチップ	石けんまたは中性洗剤を泡立てて、優しく押し洗いして乾かす
リップブラシ	石けんまたは中性洗剤で洗う 続けて使用する場合は、ティッシュで拭いた後、コットンにエタノールを含ませて優しく拭き取る

ブラシは使用後必ず、残ったパウダーをティッシュで拭き取る習慣を身につけましょう

4 毎日の仕事後のケア

ブラシを洗う	1 中性洗剤をぬるま湯に溶かし、ブラシをつけて根元から毛先に向かって汚れを優しく落とす ブラシ専用クリーナーの場合は、説明書のとおり使用する 2 水分をティッシュで拭き取った後、ペン立てまたは乾いたタオルの上で乾かす ※ドライヤーや直射日光には絶対にあてないでください

Chapter 4
実習の流れ

Basic
Professional

> **Check** このパートで学ぶこと
> ☐ メイクアップに入る前の身だしなみやマナーを確認します
> ☐ お客様を迎える前の準備を整えます

I マナーと心構え

I-1 身だしなみ

身だしなみは、コミュニケーションの基本です。お客様によい印象を持っていただくには、身だしなみを整えることが大切です。それには、さまざまな要素があります。具体的に学びましょう。

技術者の身だしなみ

服装
- 清潔感があり、動きやすい服装
- 胸元や背中、足など、肌の露出は控える

ヘアスタイル
- 顔にかからない清潔感のある髪型
- 髪が長い場合は、ゴムやバレッタなどでまとめる

手指・爪
- 施術に支障のない長さに爪を整える
- 乾燥、ささくれのないしなやかな指先に整える

メイクアップ
- 技術者として好感の持てるメイクアップをする
- 流行を取り入れたメイク

香り
- タバコの匂い、口臭・体臭・強いフレグランスは厳禁

I-2 声かけ

顔に触れるときには、場面に応じたお声かけを行いましょう。
声かけは、円滑なコミュニケーションにつながります。下の表を参考に実践しましょう。

声かけ	シチュエーション
「○○と申します。よろしくお願いいたします」	●お客さまに椅子にかけていただいた後のご挨拶
失礼します	●ケープやひざ掛けをかけるとき ●お客様に初めて触れるとき
目を閉じてください	<上まぶたの施術をするとき> ●たとえば、ファンデーションやアイシャドウ、アイライン、マスカラをオフするとき、オンするとき
目を開けて斜め上を見てください	<下まぶたの施術をするとき> ●たとえば、ファンデーションやアイシャドウ、アイライン、マスカラをオフするとき、オンするとき
ひざ元（または下）を見てください	●まつ毛をカールするときや、マスカラをまつ毛の根元につけるとき
右（または左）の目尻側を見てください	●目頭のアイラインやマスカラをつけるとき（右の目頭の施術の時は、右目尻を見てもらう）
あごをあげてください	●眉頭や、唇の施術をするとき
にっこり笑ってください	●チークや口紅の施術
唇を閉じて下さい・縦に開けてください 口角を横に引いてください（「エ」とか「イ」とかの形）	●口紅の施術
私のほうを見てください	●顔を正面から確認したいとき
「仕上がりはいかがですか？」 「お疲れ様でした」「本日はありがとうございました」	●要所要所の仕上がり確認 ●メイクアップ終了後

I-3 テーブルセッティング

1 メイク用品を並べる

実習に入る前に、使用するメイク用品をテーブルに並べます。
スキンケア、メイクアップアイテム、ブラシやパフなどが使いやすいように、工夫して並べましょう。
使った化粧品やメイク道具は、いつもきちんと整頓して並べるクセをつけ、
テーブルの上が散らからないように心がけてください。下はその一例です。

写真左／アイシャドウなどのカラーアイテムは、一目で色がわかるように並べます。化粧水や乳液などの倒れやすいボトルはテーブルの奥に。頻繁に手にとるブラシ類は、利き手側に並べておくとよいでしょう。
右／ブラシ類は、ペン立てに立てておく方法も。使い終わったら必ずペン立てに戻すクセをつけることで、道具が行方不明になりません。

2 ティッシュをカットする

余分なファンデーションを抑えたり、髪をピンカールしたりするとき、ティッシュは欠かせない道具です。
実習に入る前に、あらかじめ使いやすい大きさにカットしておきましょう。カットの方法は、下の2種類があります。

四角く切る　～髪をピンカールするときなどに使う～

① ティッシュを横長に持ち、半分に折ります。

② さらに細く折ります。

③ ②を半分にカットします。

④ カットした2枚それぞれ①②と同様に細く折ります。

⑤ ③と同様に半分に折り、真ん中をカットします。

⑥ 四角いティッシュが4枚できます。

細長く切る　～口紅をティッシュオフするなどに使う～

① ティッシュを半分に折ります。

② さらに半分に折ります。

③ ②を真ん中で半分にカットします。

④ カットした2枚をさらに半分に折り、真ん中をカットします。

⑤ 細長いティッシュが4枚できます。コットンの大きさくらいに小さく折りたたんだ状態で準備しておくと使いやすいです。

I-4 ケープ・ひざ掛け

お客様の服を汚さないように、実習の際は必ずケープをかけます。
ケープが短い場合は、スカートなどが汚れないようひざ掛けもかけます。ケープの代わりに、
タオルを使用する場合がありますが、どちらもお客様に安心感を持っていただけるように、
スマートな所作を心がけましょう。白や明るい色のケープをかけることによって、
首から上が明るくなり、肌色やメイクの色みを確認しやすくなります。

ケープのとき

① お客様の後ろに立ちます。ケープの両端を利き手ではない手に持ち、お客様の身体の中心に持ってきます。利き手で受け取ります。

② ケープを広げて首元をしっかりつつむように回し、後ろでひもを結びます。

タオルで代用するとき

① タオルの片方の端を、技術者から遠いほうの肩にかけます。タオルをクロスさせるように折りながら、反対の端をもう一方の肩にかけます。

② 後ろ側は、落ちてこないようにピンで留めます。

③ タオルが美しく広がっているかを確認します。

ひざ掛け

① タオルを半分に折り、技術者から遠いほうの太ももにかけます。このとき、折り目が両足の間にくるようにします。

② タオルを広げ、整えます。

I-5 髪の留め方

メイクアップする際は、お客様の髪が汚れないように、顔にかかる髪を留めます。その際は、前髪は毛流れを考慮して、ピンカールをしておくと、メイク後に整えやすくなります。ダックカールやダブルピン、シングルピンなどを使い、髪にピンの跡などがつかないように、ていねいに留めましょう。

四角い4分の1ティッシュを使います

前髪

① 前髪を薄くとり、髪の根元をティッシュの上に広げます。厚く重ならないように広げるのがポイント。

② ティッシュの両脇を折りたたみ、髪を包みます。

③ 前髪の流れに沿って、ゆるくカールし、ティッシュの上からピンで留めます。

サイド

耳上の毛は、落ちてこないように耳上の位置で、ピンで留めます。

髪が広がりやすく、スキンケアやメイクの邪魔になるような場合は、後ろの髪もダックカールで留めておきます。

I-6 手指衛生

スキンケアやメイクアップでは、お客様の肌に手指が直接触れます。
手はあらゆる場所でさまざまなものに触れるため、病原菌や微生物の伝播経路となります。
日常の手洗いはもちろんのこと、お客様の肌に触れる前は、
必ず手指衛生を心がけましょう。

消毒用エタノールで行う場合

① 両手のひら、手の甲、手指にスプレーします。

② 手のひら、指と指をすり合わせてエタノールをすみずみにいきわたらせ、ていねいに消毒します。

ウェットシート等で拭く場合

ウェットシートのほか、コットンにクレンジングローションや消毒用エタノールを含ませ、手のすみずみを拭いて清潔にします。

手のひら

手の甲

指と指の間

手首

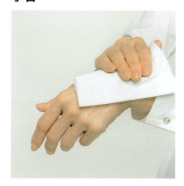

第 1 章

POINT CHECK

この章で学んだことが理解できているか、チェックしていきましょう！

皮ふと顔の基本

- ☐ 皮ふの8つの役割とは？
- ☐ 皮ふはどんな層から構造されている？
- ☐ メイクアップに関連する骨格の名称と場所は？
- ☐ 表情に関わる主な筋肉とは？
- ☐ 顔のパーツとゾーン

顔のプロポーション

- ☐ 顔の標準のプロポーションは、どんな比率？
- ☐ 眉、目、唇、ほおの各パーツのプロポーションは？
- ☐ 自分の顔の特徴は？
- ☐ 顔の長さが持つイメージとは？
- ☐ パーツの配置によるイメージは？
- ☐ 年齢ごとの顔の変化とは？
- ☐ 顔やパーツを構成する直線と曲線で、イメージはどう変わる？

色を学ぶ

- ☐ 色とは？
- ☐ 色の3属性とは？
- ☐ 色のトーンが持つイメージとは？
- ☐ 混色とは？
- ☐ 色の視覚効果

メイクアップの心得

- ☐ メイクに使う手と指について
- ☐ そえ手について
- ☐ メイクアップ時の立ち方と姿勢
- ☐ 鏡の活用術
- ☐ メイクアップを座って行う際の姿勢は？
- ☐ 衛生管理

実習の流れ

- ☐ 適した身だしなみとは？
- ☐ シチュエーション別の声かけ
- ☐ 使いやすいテーブルセッティングとは？
- ☐ ティッシュをカットする方法は？
- ☐ ケープとひざ掛け
- ☐ お客様の髪の留め方は？
- ☐ 手指消毒[衛生管理]

第 2 章

Basic | Professional

メイクアップ基本のテクニック

Basic Technique For Make-up

この章では、クレンジングや洗顔などを含むスキンケア、

そして、ベースメイクアップと、眉、目もと、口もとなどのメイクアップの基礎を学びます。

この基礎となるステップのテクニックが身につかないかぎり、

メイクアップのバリエーションには進めません。

まず、ファンデーションの色の選び方、つけ方をマスターすることは、メイクアップへの第一歩です。

メイクアップは、肌づくりによって、大きく左右されます。

また、ポイントメイクは、ラインを描く、色をぼかすなど、さまざまなテクニックがあります。

スポンジやブラシ、チップの使い方はもちろん、手や指の使い方もしっかりと学びましょう。

Chapter 1
基本の肌づくり

Basic / Professional

Check　このパートで学ぶこと
- ☐ 正しいメイクの落とし方とスキンケアの方法を習得します
- ☐ 下地ののせ方、塗り方を覚えます
- ☐ ファンデーション選びのコツと、基本的な伸ばし方をマスターします

I スキンケアの基本

1 美しい肌の条件とは

第1章で勉強したように、皮ふは角層、表皮、真皮からできており、保湿機能、ターンオーバー、血液循環などが健やかでなければ、美しい肌は実現しません。そこでまず、美しい肌の状態とはどんな状態なのかをおさえておきましょう。

状態のいい肌の条件

角層の状態がよい
肌表面の角層が十分なうるおいで満たされ、バリア機能が働いている

表皮の状態がよい
肌の生まれ変わりのリズム（ターンオーバー）が整い、メラニン代謝もスムーズである

真皮の状態がよい
線維芽細胞の機能を維持することが、肌のハリや弾力を保つカギ

血液循環がよい
滞りなく血液が流れ、栄養や酸素がすみずみに行きわたり、老廃物の回収もきちんと行われていることで美肌が育まれる

2 メイクアップのスタートはスキンケア

基本のスキンケアをていねいに行うだけで、肌は見違えるほど美しくなります。
特にメイク前は、角層のコンディションを整えることが重要です。
「お手入れが気持ちいい」「スキンケアしてもらうとリラックスできる」と感じることも、
肌の状態に好影響を与えます。肌状態をきちんと整えたうえでメイクアップすれば、
メイクのノリや発色がよくなり、仕上がりが何倍も美しくなります。

3 スキンケアの4つの役割

健やかな肌の状態を保つために重要なのは、肌本来の「美しくなろうとする力」です。それをサポートするのがスキンケアで、お手入れの各ステップには、それぞれの役割があります。

取り除く
汚れや古い角層などを取り除く。メイク落としでメイクをすっきり落とし、洗顔で古い角層や汚れなどを取り除きます。

使用アイテム
洗顔料、メイク落とし

育む
角層を育み、よい状態を保つ。化粧水でうるおいを与え、ふっくらとキメの整った角層を育みます。さらに乳液でうるおいを保つ細胞間脂質を整え、バリア機能を保ちます。

使用アイテム 化粧水、乳液

与える
肌本来の働きや健やかさを保つために必要な与えるケア。保湿、美白、ハリを与えるなどの働きを補います。

使用アイテム
クリーム、美容液、マスク、マッサージ、収れん化粧水

守る
紫外線、乾燥など、肌のダメージにつながる外的悪影響から肌を守ります。

使用アイテム
日焼け止め乳液、日中用美容液

II スキンケアを行う

スキンケアは、毎日行う習慣でもあるので、誤った方法や悪いクセなどが
習慣となっているケースが少なくありません。悪い習慣を続けていると、肌のコンディションが
崩れる原因となるので、正しいお手入れ方法で行うことが大切です。
ステップごとに、正しいお手入れ方法を覚えましょう。

II-1 コットンとティッシュ

1 コットン

化粧水をつける、乳液をつける、ポイントメイクを落とすなど、スキンケアのさまざまな場面でコットンを使います。基本の持ち方を覚えましょう。

コットンの持ち方
コットンは中指と薬指の腹を覆うようにのせ、コットンの短辺を人差し指、小指ではさんで持ちます。

2 ティッシュ

クレンジングクリームの拭き取りや、ファンデーションの油分を抑えるなど、ティッシュは欠かせない道具です。基本的な持ち方と使い方を覚えましょう。また、メイクアップ実習では、使用する枚数を4等分にカットしたり、顔全体に使用する場合は、三角に折って手もとにおいたりと、様々な使い方をします。

ティッシュの持ち方

① ティッシュは、三角形が外を向くように、利き手と反対の手で持ちます。利き手の手のひらを上に向け、折り目の下側4分の1くらいを小指と薬指ではさみます。

② 4本の指を覆うようにくるりと巻きます。

③ 巻き終わりを親指で押さえます。

④ 指先側のティッシュを手のひら側に折り返します。

⑤ たたんだ端を親指で押さえます。

ティッシュの使い方（クレンジングクリーム）

●三角形に折ったティッシュを顔にあて、手のひら全体を使って額やほおの油分を吸収させます。
●目頭、小鼻、鼻の下、オトガイのくぼみもフィットさせましょう。

残った油分を折りたたんだティッシュを使って優しく抑えるように拭き取ります。

II-2 メイクを落とす

メイクアップの落とし方を学びましょう。アイメイク、口紅などは
コットンや綿棒を使い、肌をこすらないように気をつけながら、しっかり落としましょう。
まずは、ポイントメイクの落とし方です。

1 アイシャドウを落とす

① コットンにポイントメイク用のリムーバーをふくませ、上まぶたとまつ毛の際にのせて、なじませるように数秒おきます。

② 眉上にそえ手をし、こすらないようにしながら上から下に向かってやさしく拭き取ります。

③ 同様に、目尻に向かって拭き取ります。

2 アイラインを落とす

④ そえ手で上まぶたを軽く引き上げ、生え際にコットンをのせて、アイライン、マスカラとなじませたあと、まつ毛の根元から毛先に向かって指を回転させるように拭き取ります。方向は目尻から目頭に向かって往復します。

⑤ 下まつ毛の際も拭き取ります。下まつ毛の場合は、上を向いてもらうと落としやすいです。

⑥ まつ毛の際に残ったアイラインは、4つ折りにしたコットンを使います。

3 マスカラを落とす

⑦ リムーバーをふくませ2つ折りにしたコットンを、目の形に添うように広げ上目使いにしてもらい、下まつ毛の生え際に差し入れ目を閉じていもらいます。

⑧ リムーバーをふくませたもう一枚のコットンを4つ折りにし、残ったマスカラを下のコットンの上に落とします。

⑨ 次に、上まぶたのまつ毛の際に目の形にカーブさせたコットンをおき、アイラインやまつ毛の裏側のマスカラを落とします。

4 口紅を落とす

① 口紅やグロスがたっぷり残っている場合は、まずティッシュオフして全体の油分を吸収させます。

② その後、ティッシュをたたんで軽く拭き取ります。

③ 次に、上唇と下唇を別々に落とします。コットンにリムーバーを取り、下唇の口角から反対側の口角に向かって優しく拭き取ります。上唇も同様に落とします。

④ 口角を斜め上に引き上げた状態で、4つ折りにしたコットンの角を使い、口角から中央に向かって拭き取ります。

⑤ 唇の縦ジワに残った口紅も、きれいに落とします。

綿棒を使ったアイライン・マスカラの落とし方

ティッシュまたはコットンをまつげの下におき、メイク落としをつけた綿棒を根元から毛先に向かって動かし、マスカラを落とします。

5 全体を落とす（クレンジングローション）

① 内側から外側に向かって、こすらないようにやさしく拭き取ります。

② クレンジングローションをふくませたコットンで、鼻筋、鼻の側面、小鼻を拭き取ります。

③ 同様にコットンをほおにあて、顔の内側から外側に向かって優しく拭き取ります。

Ⅲ 肌を整える

Ⅲ-1 化粧水＆乳液で肌を整える

化粧水や乳液で肌を整えます。
コットンを使うことで、お客様に対して衛生的なスキンケアを行うことができます。
また、肌の細かいところまでていねいになじませることができ、すみずみまでうるおいが届き、キメがふっくら整います。

1 塗布量

化粧水

500円硬貨大が目安。コットンの裏までしみるくらいたっぷりふくませます。

乳液

10円硬貨大くらいが目安。とろみのあるものはコットンを折って均一に広げます。

2 塗布の方法

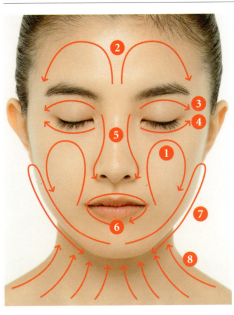

筋肉の流れに沿って、まんべんなくなじませます。肌にしみこませるようにゆっくり動かしましょう。

乳液は、両ほおにおいてからなじませます。

① 中心から外側になじませます。軽い圧をかけ、すべらせるように脈拍に近い、ゆったりとしたテンポで。

② 小鼻の周りなど凹凸部分は、カーブに沿わせてていねいにつけます。

③ 首筋までしっかりなじませます。

Ⅳ 肌づくり

メイクアップの基本となるのは、なんといっても肌（ベース）づくりです。
まずはファンデーションの色や質感選び、つけ方を習得しましょう。
ここでは基本的なメイクのプロセスを学んでいきます。

Ⅳ-1 肌づくりのアイテムとツール

Item & Tools

コントロールカラー
ファンデーション
コンシーラー
フェイスパウダー
ブラシ、パフ、スポンジ

Ⅳ-2 肌色の知識

［肌色の分類］

肌色には、明るい、暗い、赤み、黄みの幅があります。
肌色のよってイメージも変わります。

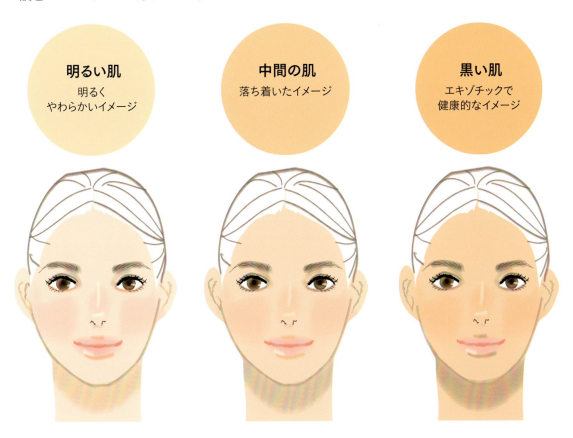

明るい肌
明るく
やわらかいイメージ

中間の肌
落ち着いたイメージ

黒い肌
エキゾチックで
健康的なイメージ

［肌色を構成する要素］

肌の色は人種をはじめ、性別や年齢、その人が住んでいる地域や季節ごと、
身体の部位やそのときの健康状態など、さまざまな要素で変わります。
この肌色のもととなっているものは、主にメラニン色素や血液中にふくまれている
ヘモグロビンです。そのほかにカロチンがありますが、寄与率は小さいといわれています。

その他、肌色の見え方に関わるもの

角層の厚み	角層が厚いほど肌の透明感がなくなる
角層のうるおい	うるおいが少ないほど肌のツヤやハリ、透明感がなくなる
皮下脂肪	皮下脂肪が多いほど白っぽく見える

［色選びのポイント］

分類の方法は明るい⇔暗い、赤み⇔黄みのふたつの幅があります。
肌の色に合わせてファンデーションの色調の中から選んでいきます。
ファンデーションの号数や名称は、各メーカーによって違います。

ファンデーションの色調

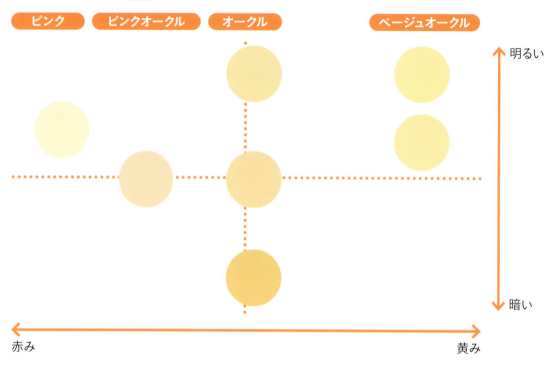

point
色選びについて

ファンデーションの色選びでもっとも重要なのは、不自然な感じにならないことです。"自然に見える"肌色を目指すには、首の色とほおの色を考慮します。

▶ほおからあごにかけて、肌の色に近そうな色を2〜3色つけてみて、さらに首の色とのなじみも考慮しながら選びます。

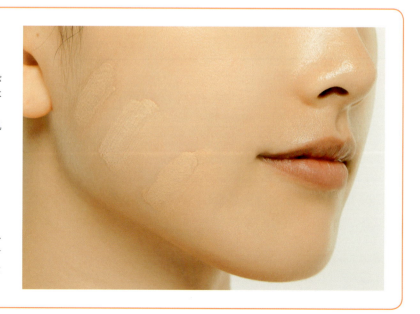

IV-3 下地

［下地の役割］

下地は、ファンデーションの"つき"と"もち"を良くし、紫外線や乾燥から肌を守ります。また、毛穴対策や肌色のコントロール効果をもたらしてくれるタイプもあり、美しい肌づくりには欠かせない工程です。

下地のアイテムとツール

Item & Tools

下地クリーム
日焼け止め
コントロールカラー

［下地の塗り方］

1 塗布量

クリームタイプは、パール粒1個分、9mm直径くらいが目安です。
リキッドタイプは、1円玉くらいが目安です。

2 塗布の方法

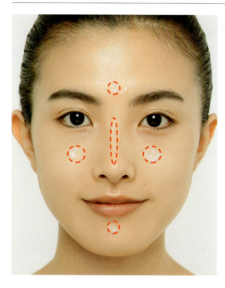

① 顔全体、5か所にのせます。使う指は中指か薬指です。まず、黒目の下の両ほお、眉間のやや上、鼻筋、唇の下においていきます。足りない場合は、足してください。

② まず黒目の下を内側から外側へ伸ばしていきます。目のまわり、そして顔の側面へと伸ばします。毛穴が気になる場合には、クルクルっとまわすようにしながら、毛穴に四方八方からなじませます。額は中心から放射状に伸ばしていきます。鼻筋、鼻の側面、口のまわり、口角、あごの下など、塗りのこしのないように気をつけましょう。

③ こめかみから口角までの、顔のカーブしている部分は、指全体で抑えるようになじませていきます。

Ⅳ-4 ファンデーションの塗り方

［ファンデーションの考え方］

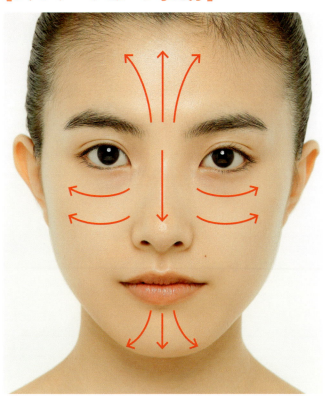

のばす方向

顔の中心から外側へ筋肉の流れに沿ってのばすと、くずれにくく、きれいに仕上がります。フェイスラインに向かって薄くなるようにのばすと、立体感が生まれます。この方向性をきちんとふまえるだけで、化粧くずれがしにくくなり、美しく仕上がります。

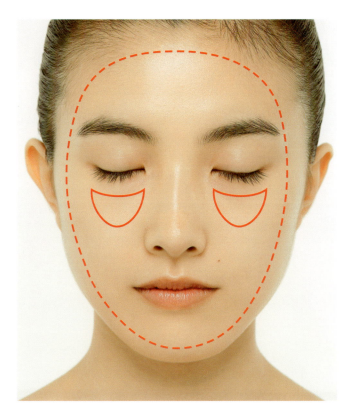

のせる厚み

最初にのせたところが最も厚く、徐々に薄づきに仕上げます。フェイスラインは最後に薄くなじませます。表情の動きが多い、目と口のまわりはよれやすいので薄くつけます。また、皮脂分泌の多いTゾーンは、化粧がくずれやすいので、同様に薄くつけましょう。

［基本的な ファンデーションののばし方］

1 塗布量

クリームタイプは米粒2〜3個分くらいを使います。ファンデーションのタイプによって使う量は異なりますので、自分で試しながら使ってみましょう。さまざまなタイプのファンデーションがあるので、説明書をよく読んで、使用しましょう。

2 塗布の方法

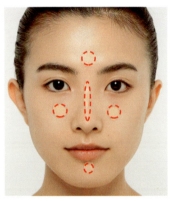

① 顔全体、5か所にのせます。使う指は中指か薬指です。両黒目の下を目安におきます。次に眉間の上、鼻筋、唇の下とおいていきます。

② ほおの三角ゾーンを、トントンと叩き込むような感じで、骨格に沿わせて指をのせていきます。まず内側を作ります。このエリアが「しっかりカバーゾーン」になります。

③ 上まぶたのまつ毛の生え際は、指先でなぞるくらいにします。

④ 下まぶたは、こすらないようにやさしく自然になじませましょう。

⑤ 残っているファンデーションをこめかみから顔がカーブしているラインにおきます。このエリアは、「適度にカバーゾーン」になります。ここでは、指の腹だけでなく、指全体を使います。こめかみからピタッと顔のカーブに沿わせながら、軽く抑えるようにしてつけていきます。

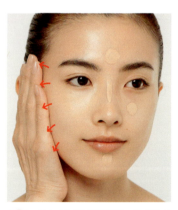

⑥ そして最後の側面は、手のひら全体を使うようなイメージです。すべらせるように、薄くなじませていきます。このエリアは「薄ぬりゾーン」です。

第2章 メイクアップ基本のテクニック

⑦ 次に額を伸ばします。額はカーブになっていますので、光がきちんと当って欲しいところをまず、ていねいにつけていきます。

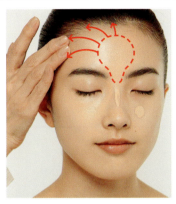

⑧ その後、生え際に向かって薄くなじませます。生え際は薄塗りゾーンになります。

⑨ 鼻筋、鼻の側面や小鼻をのばします。眉頭の下、目頭側もていねいにのばしましょう。

⑩ 小鼻、鼻の穴のまわり、鼻の下を忘れないようにしてください。

⑪ 口角は唇の輪かくにのせるように指を動かしていきます。いちばん大切なところです。

⑫ あごの下は自然となじませます。

> このように、部位によってファンデーションの厚みを変えると、自然な立体感が出てきます。

ブラシ使用の場合

パウダータイプのファンデーションは、ブラシを使うと毛穴も目立たず、上質肌に仕上がります。

鉛筆を持つようにブラシを持ち、トントンとノックするようにしてブラシにふくませます。三角ゾーンからトントンと塗っていき、鼻のまわりはブラシを回転させるようにします。フェイスラインは外側に向かってスーッと滑らせながらなじませます。目もとや口もとは左右に軽く動かします。

スポンジ使用の場合

リキッドファンデーションは大きいスポンジだと失敗知らずで、スピーディに仕上がります。

① 三角ゾーンからたたき込むように広げていきます。目頭のくぼみから鼻の側面はスポンジを立てて先端を使ってぴたっとフィットさせます。小鼻のまわりも同様です。

② こめかみから口角まではカーブに沿ってスポンジ全体を抑えるようになじませていきます。フェイスラインは滑らせるように、額はトントンと抑えて放射線状にスーッとなでていきます。最後に口角はスポンジを当てるようにして輪かくをなぞるように仕上げます。その後、あご先など外側へのばしていきます。

Ⅳ-5 コンシーラーののばし方

[上手な使い方]

目の下のくまやにきび跡、くすみ、シミなど色素沈着が気になる部分を補正するために欠かせないのがコンシーラーです。
たとえば、くまが気になるからといって、まぶた全体にコンシーラーをつけると、時間が経ってからよれて、くずれの原因にもなります。ファンデーションでカバーできる程度なら、コンシーラーを使わなくても十分です。

リキッドタイプ

① 目の下の骨に沿って目頭から黒目の真下までコンシーラーをライン状に塗ります。

② 薬指の腹で骨に沿ってトントンと抑えた後、下まぶたにも軽くなじませます。

スティックタイプでのばす

濃いシミは、直接塗ります。薬指で抑えるように定着させましょう。最後にまわりをトントンとなじませます。

ブラシでのばす

カバー力の高いクリームタイプやスティックタイプのコンシーラーは、濃いくまやにきび跡などをカバーするのに適しています。筆の平らな面で、気になる部分にのせ、毛先ではらうようになじませます。

IV-6 粉おしろい

ブラシ使用の場合

ブラシにたっぷり粉をふくませます。お客様に粉がかからないよう配慮します。ブラシの柄の後ろを手のひらの上でトントンと叩くようにして、粉をブラシの中のほうまで入れていきます。そうすることで、表面についていた粉が奥のほうに入っていって、自然につけることができます。

① ブラシで、肌を磨くように動かしながら顔全体に広げます。

② ブラシを使って粉をつけると、余分な粉を払いながら、おしろいをつけることができます。

パフ使用の場合

粉おしろいをまずパフにとります。できればもう一枚パフを用意して、よく揉み合わせます。

① つけていく部分は、下地クリームやファンデーションと同じです。目の下の三角ゾーンにまずつけていきます。その後、Tゾーンにつけていきましょう。眉の上、額、鼻筋、小鼻、口のまわり、あご先。小鼻はパフを折って使いましょう。

② 最後に粉が少なくなったところで、フェイスラインを軽く抑えます。こうすることによって、メイクしていない首の部分と顔の質感が自然になじんでいきます。粉おしろいをつけることによって、毛穴がふわっとぼかされ、お肌がきれいに見えます。

Chapter 2
パーツのメイク

Basic
Professional

> **Check** このパートで学ぶこと
> ☐ 標準の眉の形と基本的な描き方、眉カットの方法を学びます
> ☐ アイメイクの流れを知り、アイラッシュカーラーの使い方、
>   アイシャドウ＆アイラインの入れ方、マスカラのつけ方を覚えます
> ☐ リップメイクの基本テクニックを身につけます
> ☐ 基本的なチークの入れ方を学びます

I 眉メイク

眉は、描き方や色によって、顔の印象がまったく変わってしまう部位です。
まず標準の眉が描けるようにしましょう。

I-1 眉メイクのアイテムとツール

Item & Tools

アイブロウペンシル
アイブロウパウダー
コーム、ブラシ
アイブロウマスカラ

I-2 標準の眉

実際に描く前に、お客様の眉をよく見ましょう。眉は、メイクアップのなかで
もっとも自由に形を変化させることができる部分です。眉によって顔のイメージが大きく
変わるので、メイクアップ全体のイメージをしっかりと決めてから眉を描きましょう。

［標準の眉のバランス］

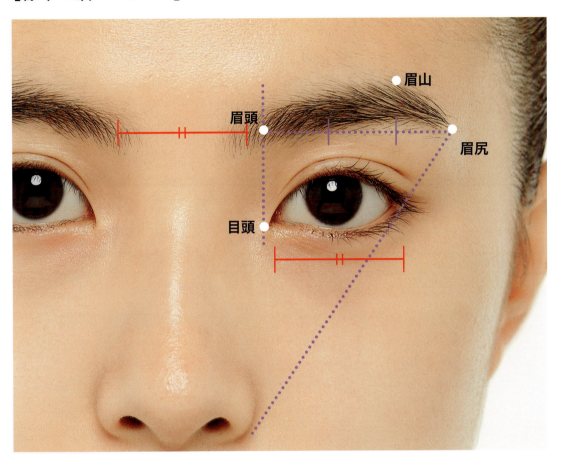

1 眉は目頭の真上から始まり、小鼻と目尻を結んだ延長線上に眉尻がきます。

2 眉山は眉頭から約2/3のところです。

3 眉頭と眉尻は水平な一直線上にきます。

4 眉間は目が1個入るくらいです。

I-3 基本の眉の描き方

眉の描き方はメイクアップの流行にもっとも左右されますが、
ここでは標準の眉の描き方を学びます。

① 眉はスクリューブラシでブラッシングして、毛流れを確認します。毛流れを整えて、眉の中に入っているファンデーションもきれいにします。

② 眉山の位置は白目の終わった真上になります。目安をつけましょう。

③ 眉尻は小鼻から目尻を通った延長線上になります。

④ 最初に眉山から眉尻を描いていきます。眉毛が少ない部分に、一本一本植え付けるように描きます。

⑤ 次は眉の中央部分を描いていきます。ここも生えているように一本一本描きます。

⑥ 最後は眉頭です。眉頭を描くときには、必ず下からも確認しながら描きます。

⑦ 最後にスクリューブラシで毛流れを整えます。

⑧ 眉頭は薄く始まり、眉の中央が少し濃くなり、眉尻に向かってまた薄くなるという、自然な陰影のある眉に仕上げます。

I-4 眉カットの方法

実際にカットする前に理想の形を想定して、眉を描きます。
毛流れを整えておきます。

① コンシーラーで、眉のいらないと思われる部分を、少しずつ様子を見ながら消していきます。このときコンシーラーは、眉毛に色がつくように、ていねいにのせます。

② はさみは、先端ではなくカーブの底辺を肌にあて、眉毛をすくうように、すうっと動かしながら1本ずつカットしていきます。

③ 長い眉を短くカットするときには、はさみの側面を肌にあてながらカットしていきます。

Ⅱ アイメイク

顔のパーツの中で、目が放つ力は絶大です。
アイラインで目もとをくっきりと強調したり、アイシャドウで色や質感を
演出したりして、自由自在にイメージを表現をしていきましょう。

Ⅱ-1 アイメイクのアイテムとツール

Item & Tools

アイシャドウ
アイライナー
マスカラ
アイラッシュカーラー
アイカラーチップ

II-2 基本のアイメイクの手順

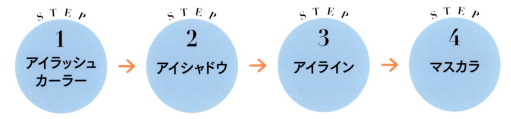

STEP 1 アイラッシュカーラー → STEP 2 アイシャドウ → STEP 3 アイライン → STEP 4 マスカラ

STEP 1 アイラッシュカーラーの使い方

目は丸いということを忘れないようにして、アイラッシュカーラーで真ん中、目尻、目頭のまつ毛を上げていきましょう。

① まつ毛の生え際にアイラッシュカーラーの金具の部分をあてます。このとき、赤ラインの部分が、まつ毛の生え際にぴったり沿うようにします。

② まつ毛の生え際に沿いにくい場合は、そえ手をして、まぶたを引き上げ調整します。軽くはさんでみて、痛くないかを確認します。

③ 1、2、3と力を加えて根元をはさみます。徐々に角度を上げていきます。

④ 4、5、6と毛先までカールさせます。金具の上側の青いラインは、必ずまぶたにくっついたままということを意識しましょう。

⑤ 目尻が十分にカールされていない場合は、アイラッシュカーラーを眼球の外側（目尻側）にあてる感じではさみます。目尻を起点とし、こめかみ方向に向かって、徐々に毛先まではさみ、カールさせます。

⑥ 目頭側も同様に、目頭を起点として、眉頭方向に向かってカールさせます。

仕上がり

STEP 2 アイシャドウの塗り方

アイシャドウの色や質感は、いろいろとありますが、ここではライトカラー、ミディアムカラー、ダークカラーの3色で仕上げる基本的な方法を学びます。

① ブラシ(中)で、ライトカラーをまぶた全体にぼかします。

② チップ全面にミディアムカラーをとります。全体を使い、まぶたの半分くらいまでのせるようにつけ、アイホールに向かってぼかします。

③ ダークカラーは、細いチップで入れます。アイシャドウはチップ全面にとります。そえ手をしてまぶたを軽く引き上げ、まつ毛の際、中央、目尻、目頭とおいていき、ミディアムカラーとの境い目をなじませていきます。

④ 下まつげの際にもダークカラーをつけます。目尻側3分の1にチップの先端を入れ、中央に向かって自然になじませましょう。

STEP 3 アイラインの入れ方

目の形をふち取っていくことで、目もとをはっきり見せるのが、アイラインの効果です。
基本的なアイラインの描き方を学びましょう。

① アイラインは、そえ手でまつ毛の際を横に引き、まず目尻側から3分の1を入れます。描いたら一度目を開けてもらい、確認します。足りないと思ったら、太く足します。

② 次に、中央（黒目の上）を入れます。まつ毛とまつ毛の間も、ていねいに埋めるように描きます。

③ 最後は目頭側です。視線を目尻側に向けてもらい、描きます。全体を描き終わったら、目を開けてもらい、色抜けがないか確認します。

仕上がり

下目尻3分の1にも細く入れます。

STEP 4 マスカラのつけ方

まつ毛を濃く見せて、目もとに深みや彩りを与えるのがマスカラです。
根元をていねいにつけることが、大切なポイントです。

① 上まぶたにそえ手をし、まぶたを軽く引き上げます。根元ギリギリにマスカラブラシをあて、細かくジグザグに動かし、マスカラを根元につけます。

② 根元全体についたのを確認したら、毛先へとつけていきます。まつ毛にブラシがよくからまないときは、ジグザグと動かします。

③ 目尻側も根元からつけ、こめかみに向かってブラシを抜いていきます。最後の1本まですくいあげるように、ブラシの先端を使います。

④ 同様に目頭もブラシの先端を使い、ていねいにつけます。このときブラシは、眉頭に向かって抜いていきます。

⑤ 下まつ毛は上まつ毛のマスカラが乾いてからつけます。下まつ毛が短かったり、ねてる場合は、まつ毛を起こすように、つけていきましょう。

⑥ 下まつ毛が縦方向に整ったら、毛流れに沿って動かします。

仕上がり

Ⅲ リップメイク

口紅は、顔全体のバランスを整え、印象を変えたり、華やかさをもたらす効果があります。
メイクアップのイメージ演出に欠かせない要素です。

Ⅲ-1 口紅のアイテムとツール

Item & Tools

リップブラシ
リップペンシル
ペンシルタイプ
パレットタイプ
スティックタイプ
リキッドタイプ
リップグロス

Ⅲ-2 リップメイクの基本のテクニック 〜紅筆〜

1 塗布量

口紅はスパチュラに適量とったら、筆の部分が隠れるくらい両面にたっぷりと含ませます。

2 塗布の方法

① まず、下唇において広げながらブラシを整えます。

② 次に上唇の山を、筆を回転させながら描いていきます。

③ 反対側の上唇の山も左右のバランスを見ながら描いていきます。

④ 下唇の底を上唇の山よりやや広めに描いていきます。

⑤ 口角は、口をエーッと開けてもらうと、唇が伸びて描きやすくなります。

⑥ 上唇の口角から山へ繋いでいきます。

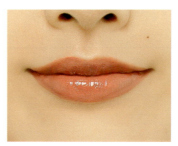

⑦ もし、口紅が輪かくの一か所にたまってしまったら、4分の1に切ったティッシュペーパーで、軽く抑えましょう。

Ⅲ-3 リップメイクの基本のテクニック　〜リップペンシル〜

リップペンシルは、線として残らないように、ぼかしながら描きます。
紅筆で描くように、芯の側面を主に使いましょう。

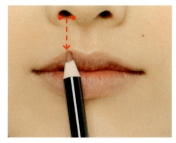

① まず唇の山を描いていきます。唇の山は鼻の穴の中央を下ろしたところが目安です。

② リップペンシルを横にし、芯の側面を使って描きます。

③ 少しずつ動かしながら、口角から山までを繋いでいきます。

④ 下の口角を描くときには、エーッと開けてもらい、奥から入れて、まず小さく内側を描きます。

⑤ 少しずつ外側に描きながら、口角の角度を決めます。

⑥ 唇の中央をのぞき、唇の形が仕上がった状態です。輪かくを口紅より硬いリップペンシルで描くことで、口紅がにじみにくくなります。

IV チーク

ほおに自然な血色を与え、イキイキとした表情を引き出すのが
チークの役割です。入れ方やぼかし方によって顔に立体感が生まれます。

IV-1 チークのアイテムとツール

Item & Tools

パウダータイプ
ブラシ
スティックタイプ

Ⅳ-2 チークの入れ方

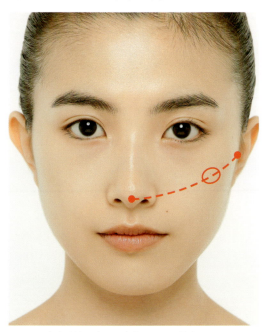

チークの起点を決めます。鼻先から耳の前までの真ん中になります。

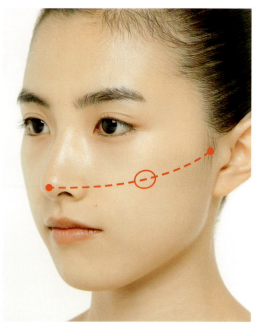

起点は、顔の正面から側面に曲がるカーブの部分になります。

① チークをブラシにたっぷりふくませ、起点におきます。ここから色みが始まるという意識をもちます。

② にっこりと笑ってもらい、ほおの筋肉が盛り上がるところに、ふわっとぼかします。

③ 前をぼかしたら、後ろ側も楕円形になるようにぼかします。

第2章　メイクアップ基本のテクニック

Ⅴ 基本のメイクの仕上がり

各アイテムや化粧用具を正しく使い、ナチュラルで美しい仕上がりを目指しましょう。
基本テクニックをマスターすることはもちろん、
お客様が心地よく感じる力加減が身につくまで、繰り返し練習しましょう。

第2章 メイクアップ基本のテクニック

目を閉じたとき、アイメイクが左右対称であるか、グラデーションはムラになっていないかなどを、チェックしましょう。

斜めや真横から見て、眉尻、アイラインの終わり方、チークやアイシャドウのグラデーション、上下の口角は合っているかなどを、チェックしましょう。

第 2 章

POINT CHECK

この章で学んだことが理解できているか、チェックしていきましょう！

基本の肌づくり

- ☐ スキンケアの基本
- ☐ コットンとティッシュの使い方
- ☐ 顔全体と各パーツのメイクの落とし方
- ☐ 化粧水、乳液の塗布の方法
- ☐ 肌の色の知識
- ☐ 肌色を構成する要素とは？
- ☐ ファンデーションの色選び
- ☐ 下地クリームの塗り方
- ☐ ファンデーションの塗り方
- ☐ ブラシやスポンジでつける方法
- ☐ コンシーラーの上手な使い方
- ☐ 粉おしろいのつけ方

パーツのメイク

- [ ] 標準の眉バランス
- [ ] 基本の眉の描き方
- [ ] 眉カットの方法
- [ ] アイメイクの流れ
- [ ] アイラッシュカーラーの使い方
- [ ] アイシャドウの塗り方
- [ ] アイラインの入れ方
- [ ] マスカラのつけ方
- [ ] リップメイクの基本（紅筆）
- [ ] リップメイクの基本（リップペンシル）
- [ ] 基本のチークの入れ方

第3章

Professional

顔分析とイメージ演出

Facial Analysis & Image Direction

メイクアップのイメージ演出は、まず顔を構成するパーツの各配置バランスや、

パーツのフォルム（形）をきちんと分析することからはじまります。

顔の分析が正しくできれば、イメージを表現する際のバランスや、

フォルムをどう生かし調整するのかがわかってきます。

それを見極められれば、その人の要望に応じて、

さまざまなイメージ演出ができるのです。

Chapter 1
形と質感

Professional

> **Check** このパートで学ぶこと
> ☐ 形による印象の変化を理解します
> ☐ 形の錯覚をメイクに応用させていきます
> ☐ 質感による印象を理解します

I 形のイメージ

人間の顔は、短い⇔長い、丸みがある⇔骨ばっている、彫が深い⇔平面的、柔らかい⇔シャープなど、いろいろな形を特徴づけることができます。顔における形のイメージはどういうことか考えてみましょう。

丸顔

丸は、なめらかで、優しくソフトなイメージ。

咀嚼機能が
まだ発達していない人間や
動物の子供は、
丸くてかわいいイメージ。
顔が短いと、年齢よりも若く、
幼い印象

面長

楕円は、なめらかで、優しくソフトなイメージ。

歯が生えそろい、
咀嚼機能が発達して
くると、顔の下半分が
長くなり、大人っぽい印象

逆三角形

逆三角は、
上にボリューム、軽い、
華奢なイメージ。

顔が短いと、年齢よりも若く、
幼い印象。顔が長く、
あごが尖っていると、
クールでシャープ、
都会的な印象

四角形

四角は、角がある、
シャープでゴツゴツした
イメージ。

顔が短いと、ボーイッシュ、
フレッシュな印象。
顔が長めだと、
エネルギッシュで
男性的な印象

［形による印象の変化］

ここで「曲線」と「直線」を意識したふたつのメイクを比較してみましょう。

Before

- 面長
- 切れ長な目
- ふっくらとした唇

{ 「曲線」を意識したメイク }

目のまわりをアイラインで丸く囲むことで、切れ長な印象を消し、丸い目を演出しています。また、ピンクのチークを丸くぼかすことで、丸みを強調し、キュートでかわいらしいイメージを演出しています。

{ 「直線」を意識したメイク }

切れ長な目を強調するように、上下のまつ毛の際にアイラインを描いています。眉も直線を意識して描きます。唇は、輪かくをシャープに描き、クールでシャープなイメージを演出しています。

II 形の錯覚とメイクへの応用

目が物を正視していたとしても、脳が正しく判断しているとは限りません。
周りの状況に引きずられて誤って判断してしまうことも多く、これを錯覚といいます。
メイクアップでは、この錯覚を応用することで、印象を変えたり、強調したり、
まったく違うイメージを演出することができるのです。

II-1 直線と曲線 〜眉、目もと、口もとへの応用〜

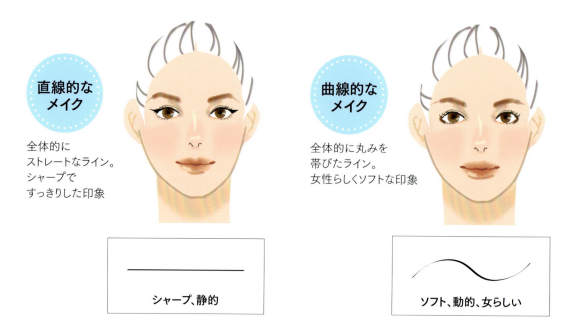

直線的なメイク
全体的にストレートなライン。シャープですっきりした印象

シャープ、静的

曲線的なメイク
全体的に丸みを帯びたライン。女性らしくソフトな印象

ソフト、動的、女らしい

II-2 上昇線と下降線 〜眉、目もと、口もとへの応用〜

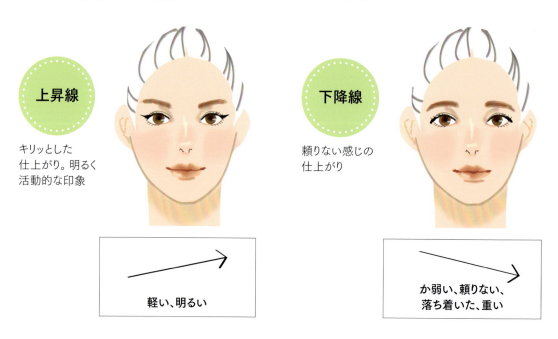

上昇線
キリッとした仕上がり。明るく活動的な印象

軽い、明るい

下降線
頼りない感じの仕上がり

か弱い、頼りない、落ち着いた、重い

II-3 眉と目の関係 〜対比〜

 長い眉 大人っぽい、洗練されている

 眉が長いと、目はやや小さく見える

 短い眉 子供っぽい、かわいい

 眉が短いと、目はやや大きく見える

 細い眉 繊細、大人っぽい、きつくなる

 眉が細いとまぶたが広く見える。
そのうえ長いと目はやや小さく見える

 太い眉 元気、若々しい、野暮ったい

 眉が太いとまぶたが狭く見える。
そのうえ短いと目はやや大きく見える

 濃い眉 たくましい、活発、男性的

 眉が濃いと、
目の印象がやや弱まる

 **薄い眉** 初々しい、優しい、寂しい

 眉が薄いと、
目の印象がやや強まる

II-4 アイメイクと目の関係 〜横線の錯覚〜

[横線の錯覚]

右の図のAとBは同じ長さの線ですが、
矢印の方向が内側に向いているAは、
線の長さを止めている状態なので短く見えます。
反対にBは、長く見えます。
これを目もとのメイクアップにもちいてみましょう。

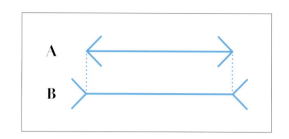

アイラインで目を囲む

A

 Bに比べると、目の横幅が短く見える

目尻にアイラインを引く

B

Aに比べると、目の横幅が長く見える

さらに目頭と目尻にアイラインをプラス

目の横幅がより強調される

II-5 眉と顔の長さ 〜縦線の錯覚〜

[縦線の錯覚]

同じ長さの縦線ですが、上に引かれた線の方向によって異なる長さに見えます。縦線の長さは同じでも、A＜B＜Cの順でCがいちばん長く見えるのです。

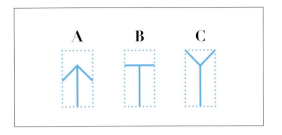

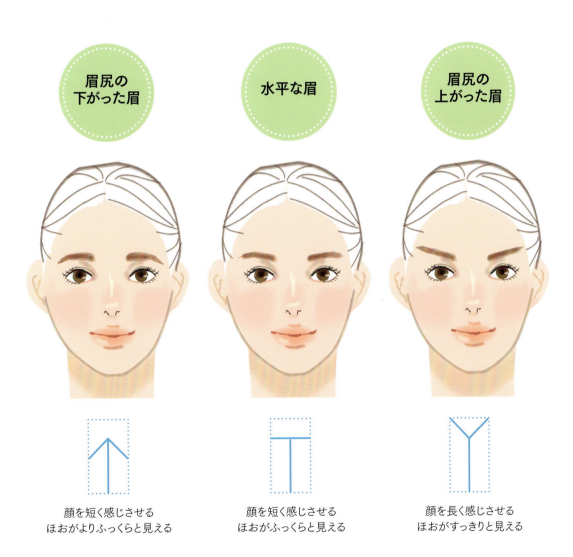

眉尻の下がった眉 / 水平な眉 / 眉尻の上がった眉

顔を短く感じさせる
ほおがよりふっくらと見える

顔を短く感じさせる
ほおがふっくらと見える

顔を長く感じさせる
ほおがすっきりと見える

第3章　顔分析とイメージ演出

Ⅲ 質感と表現

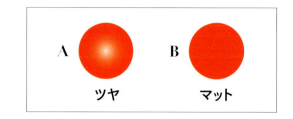

肌の仕上がりと質感

お風呂上りのような
**透明感のある
つややかな肌**

フレッシュ、活発な印象

大人っぽい
**陶器のような
肌**

上品、優しい印象

口もとの仕上がり

**ツヤのある
唇**

みずみずしいツヤでフレッシュな印象

マットな唇

光沢を抑えたシックな印象

Chapter 2
メイクアップデザイン

Professional

第3章 顔分析とイメージ演出

Check　このパートで学ぶこと
- ☐ 色と形と質感を駆使し、錯覚を利用したイメージ表現をします
- ☐ メイクアップ理論を徹底的に習得します
- ☐ さまざまなメイクアップを自在に表現します

I　スペースとバランスの調整法

人の顔は、骨格や肉づき、顔の形、パーツの大小やその配置によって、顔の見え方と印象が変わってきます。ここでは、まず顔の形やパーツの大きさは同じだと仮定して、パーツの配置の違いだけで変化する"スペース"の見極め方、"スペースバランス調整法"を学びます。スペースとは空間、余白のこと。ふだん私たちは、顔の形やパーツの大きさや形に目が行きがちですが、実は人の印象は"スペース"にも大きく影響されているのです。やや広かったり、やや狭かったりは、それほど影響はありませんが、広すぎたり、狭すぎたりの「過ぎる」場合、それが大きく印象を変えるので、悩みとなることもあります。そんなとき、どうすればその悩みが解決するのかアドバイスできることがプロとしての腕の見せどころとなるのです。ここではまず、スペースの見極め方とその調整法を学び、次にパーツの大きさの調整をふくめたバランス調整法を学びましょう。

スペースの見極めには、ベーシックで学んだ「標準のプロポーション」をモノサシとして使います。標準のプロポーションのイラストを説明しながら紙に描けるようになるまで覚えましょう。

1　額、目のまわり、ほお、口のまわりなどのスペースをじっくりと見ましょう。

- ●窮屈に感じるところは？
- ●短いと感じるところは？
- ●広すぎると感じるところは？
- ●長いと感じるところは？

2　標準のプロポーションをモノサシにして考えてみましょう。

	広いところを狭く	狭いところを広く
色	●収縮色を使う 暗い色のアイシャドウ シェイディングカラー	○膨張色を使う 明るい色のアイシャドウ ハイライト
パーツ	パーツを大きく描く 眉・目・口	パーツを小さく描き 目立たないようにする 眉・目・口

97

I-1 広すぎたり、狭すぎたりする
スペースの見極め方とスペースの調整法

以下のイラストは、顔の形、パーツの大きさや形は同じで、
位置だけを変えた一例です。配置の変化によって、印象も変化します。

A まぶたのスペースが狭い ほおスペースが縦長

B 額のスペースが広い ほおのスペースが短い

C あごのスペースが広い 鼻の下のスペースが短い

- 顔が長く感じる
- 大人っぽい印象

- 顔が短く感じる
- 子供っぽい印象

あごがしっかりとして、
エネルギッシュで男性的な印象

[調整法]　　　　　[調整法]　　　　　[調整法]

◆ ほおのスペースを短く見せるために、チークを横長に幅広くぼかす
◆ 膨張色の明るい色のアイカラーを使用
◆ 下まぶたは影色を幅広めに入れる

◆ チークを縦長にぼかすことで、すっきりと長さを強調
◆ 眉山をやや上に描く
◆ 前髪を下ろすことで額の広さをカバー。または、生え際にシャドウカラーを効果的に使用

◆ あご周りにシャドウカラーを効果的に使用
◆ 下唇を少し大きく描く
◆ 上唇は厚く描かない

> **point** 標準のプロポーションの比率を覚えること
>
> イラストからもわかるように、顔の長さは顔型よりも、
> 眉や目の高さが大きく関係することがわかります。顔の横幅を「1」としたとき、
> あご先から眉山までが「1」という比率と、目の位置は
> 頭頂からあご先までの1/2、あるいは額の生え際から口角までの1/2が
> 標準のプロポーションということを、しっかりと覚えましょう。

Ⓓ 眉間・目幅の スペースが広い

草食動物的な
おっとりとした優しい印象

[調整法]

- ◆ 眉頭を寄せ描く
- ◆ ノーズシャドウを入れる
- ◆ アイラインを目頭まで 効果的に入れる

Ⓔ 眉間・目幅の スペースが狭い

- ● 肉食動物的な俊敏さを 感じ、神経質な印象
- ● どちらかといえば 大人っぽい印象

[調整法]

- ◆ 眉頭は描かない。 もしくはカットするか抜く
- ◆ 目頭側は 明るいアイカラーを使用

Ⓕ まぶたのスペースが広い 鼻の下のスペースが長い

- ● 平安美人型のおっとりと 落ち着いた上品な印象
- ● 縦のスペースを感じるので、 どちらかといえば大人の印象

[調整法]

- ◆ まぶたの調整をするために、 眉は下側に太さを出す
- ◆ まぶたには収縮色の シャドウを効果的に使い、 まぶたの幅を調整
- ◆ 上唇を少し厚めに描く

Ⅱ 顔のゴールデンバランス理論

次に「標準のプロポーション」をモノサシにして、スペースやパーツの大きさを調整し、
配置バランスを整える法則「ゴールデンバランス理論」を学びましょう。
バランス美は、美しさを表現するうえで習得しておくべき基本となります。
よいバランスを徹底して身につけることではじめて、
バランスを崩した美しさも表現できるようになるのです。

Ⅱ-1 顔型を意識した肌づくり

顔は平面ではなく、立体です。上から見ると、
右のイラストのようになっています。
ファンデーションの塗布の仕方で、顔は大きく
見えたり、立体的で小顔に見えたりします。

立体的な顔
正面が狭く、奥行きがある

平面的な顔
正面が広く、奥行きがない

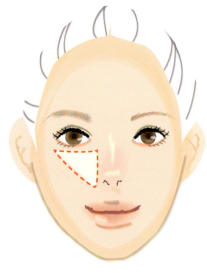

顔の正面は、おおよそ左目尻から右目尻までです。

① しっかりカバーゾーンは、目尻までを目安とする三角ゾーンです

② 適度にカバーゾーンは、顔よりひとまわり小さい卵型です

③ フェイスラインは、薄塗りゾーンです

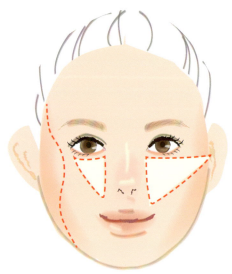

- 顔の横幅は、ほお骨の張っているところで決まる
- 顔の横幅が広い場合は、目の下の三角ゾーンは目尻より広げない
- シェーディングカラーをつけるときは、ほお骨を削るようなイメージで側面に入れる

第3章 顔分析とイメージ演出

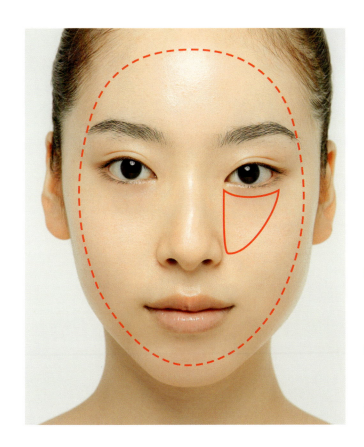

正面

100ページでも勉強したように、顔を正面で捉えるときには、立体であることを忘れないようにしましょう。顔は卵のような立体ですから、顔の輪かくよりも、ひと回り小さな卵型(赤点線)を意識して肌づくりをすると、立体感が表現できて、小顔に仕上がります。

① しっかりカバーゾーンは目の下の三角ゾーン。小鼻から目尻までを目安とするゾーンです

② 適度にカバーゾーンは、顔よりひと回り小さい卵型です

③ ②の外側は薄塗りゾーンになります

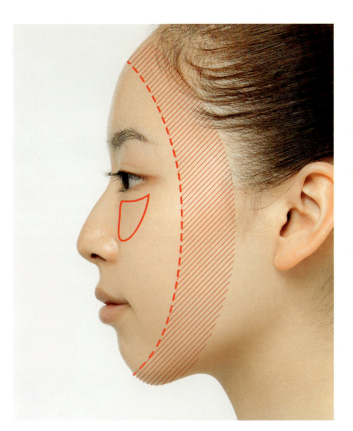

横

① しっかりカバーゾーンを横から見たところです

② しっかりカバーゾーン、適度にカバーゾーンともに、横から見ると、結構狭い範囲であることがわかります

③ 薄塗ゾーンは、横から見ると、立体のカーブの外側であることがわかります。思った以上に広範囲にわたります

II-2 眉で顔の長さのバランスを調整

「眉のゴールデンバランス理論」とは、より自然にバランスのよい眉を描くための分析法と調整テクニックです。この理論を用いることで、どのような顔だちにもなじむ、バランスのとれた眉が仕上がります。

［顔の横幅を1としたとき、あご先から眉山までも同じく1］

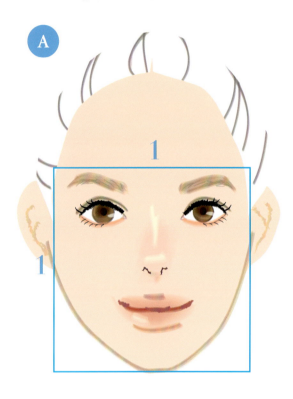

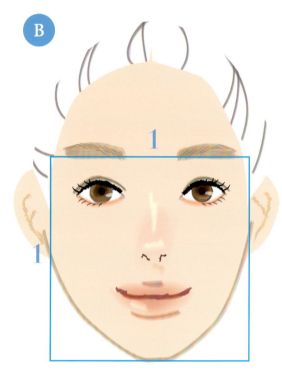

Aは、1：1より眉が下にある
- 眉山は2mmほど上に設定
- 眉頭から眉山までの下の角度は、10度以上上げる

Bは、1：1より眉が上にある
- 眉山は高くしない
- 眉の角度はなるべく水平気味にする
- まぶたも広いので、眉の下側を太くするとまぶたの広さを調整できる

II-3 ほおの長さを調整

「ほおのゴールデンバランス理論」とは、ほおの自然な血色を演出するバランスのよいチークを入れるための、ほおの分析法とテクニックです。この理論を用いることで、お客様が本来もっている自然で健康的な血色の美しさを引き出し、バランスのとれたメイクアップに仕上げます。

ほおが長い

チークを横長楕円に幅広く入れることによって、目の下の三角ゾーンを短くデザインできる

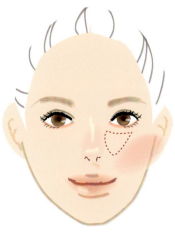

標準

チークの起点を中心に斜め楕円にぼかす

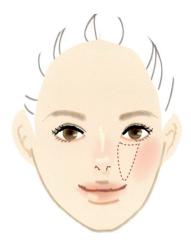

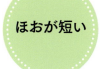
ほおが短い

チークを縦長楕円に入れることによって、目の下の三角ゾーンをすっきりと縦長にデザインできる

II-4 目もとのバランス調整

「目もとのゴールデンバランス理論」は、アイメイクアップの基本的な考え方で、イメージ演出のための理論ではありません。どのような目もこの理論を用いて調整すれば、バランスのとれた魅力的な目に仕上がります。

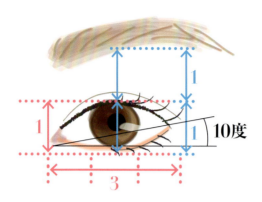

フレーム（まつ毛の生え際を基準）

縦：横＝1：約3
目頭と目尻の角度＝約10度（標準）
（上がりすぎず、下がりすぎず、ちょうどよい角度です）

フォルム（まぶた）

目の縦幅：まぶたの広さ＝1：1
まぶたのひだ＝二重
まぶたの肉づき＝厚すぎず、薄すぎず

［アイメイクの役割］

アイメイクのアイテムには、アイライン、アイシャドウ、マスカラ、つけまつ毛があります。

アイライン	目のフレームを変化させる。目尻、目頭側は、まつ毛の生え際から、離して描く場合もある。
アイシャドウ	色の明度によって、まぶたの広さ、狭さを調整。色相によってイメージを演出。
マスカラ、つけまつ毛	3D効果で、目もとに陰影を与え、まつ毛の矢印効果で目を広がりのある大きな目に見せる。

［調整法］

部位	肉づきの厚いはれぼったいまぶた	肉づきの薄いくぼんだまぶた
フレーム（目の形）調整 まつ毛の生え際	調整には、ペンシルでアイラインを、ダークカラーのアイシャドウ等で太めに入れ、グラデーションラインで見え方を調整する	●生え際の中央（黒目の上）は、特に細く入れる ●まつ毛とまつ毛の隙間もていねいに入れ、粘膜が見える場合はインサイドラインを入れる
フォルム調整 まぶたの形状	主にダークカラーを効果的に使用し、まぶたをすっきり見せる	主にハイライトカラーやライトカラーを効果的に使用し、まぶたをふっくら見せる
まつ毛	ポイントは根元近くをキッチリとカールすること ●まつ毛の根元が隠れるので、つけまつ毛が自然に使える（つけまつ毛を使用することで、まぶたを持ち上げる効果も期待できる）	根元・中間・毛先と3段階に分けて自然なカール

事例1　目の横幅が短く、まぶたが広い場合

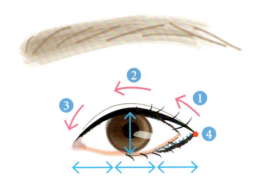

**アイラインで目のフレームを
1：3を目安に調整する**

1. 1：3の位置に目印をつけ、目尻側から引く。目尻側はまつ毛の生え際からやや離れてもよい
2. 中央を描く（まつ毛の生え際から離れないように）
3. 目頭を繋げる
4. 下目尻のアイラインは、目印のところから目尻1/3描く。上まぶたのアイラインより濃くならないように注意

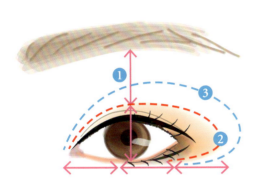

**アイシャドウでフォルムの調整をする
ぼかす形は1：3のアーモンド型**

1. ダークカラーの縦幅1：1の範囲を計算する。下まつ毛の生え際から、眉の下までの半分が「1」（軽く目印をつけてもいい）
2. 横はこの3倍。アーモンドの形を意識してぼかす。（横から見たときもアイシャドウが見えることを確認する）
3. ミディアムカラーはまぶたの中央（アイホール）を目安にぼかす

※ダークカラーが先でも、ミディアムカラーが先でもどちらでもよい

事例2　まぶたが狭く、目の横幅が短い場合

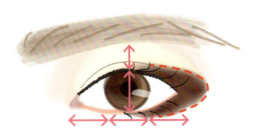

**アイラインのフレーム調整は
事例1と同様に行なう
黒目の上は太くならないように注意**

1. 上まぶたが1より短いため、黒目の上はハイライトカラー（膨張色）を入れ、ダークカラーが入らないようにする
2. ダークカラーは、1：3を目安に目尻側に横幅が出るように入れる
3. 目を閉じると、目尻の外に三角形ができるように、眼球の丸みに沿ってぼかす

II-5 唇の調整法

「口もとのゴールデンバランス理論」は、イメージ演出のための理論ではありません。
口もとを仕上げるための基本的な考え方です。どのような形状の唇も、
この理論を用いて調整すれば、バランスのとれた唇に仕上がります。

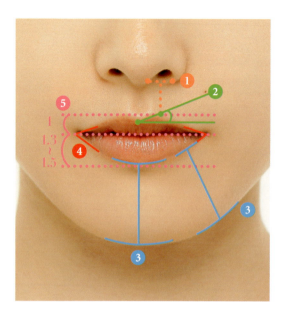

① **上唇の山** 鼻孔の中心を下ろしたところ

② **上唇の谷から山にかけての角度**
約10〜15度の範囲

③ **下唇の形は、あごのラインとほぼ平行で、スペースバランスが整っている**
下唇の底辺は、あご先の形とほぼ同じで、上唇の山と山の幅よりやや長めにとる

④ **口角** 口角ラインが引き締まっている
（横から見たときに、上下の口角がきちんと合っている）

⑤ **唇の上下の比率**
1:1.3〜1:1.5の範囲
上唇の厚さの目安は、
口裂から鼻の下までの約1/3

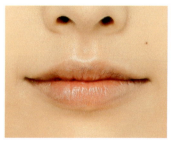

① 唇のまわりは、分析結果をふまえ、下地やファンデーション等で、唇の輪かくから2mmを目安にカバーする。

② 唇の山は、鼻孔の中心を下ろしたところ。下唇はあごの形を見ながら、山と山よりもやや広めに描く。
※唇の山は、リップペンシルで、軽く印をつけてもよい。

③ 口角から唇の山のポイントを結んで描くときは、横からも確認する。下唇の口角は、厚くなりすぎないように注意する。

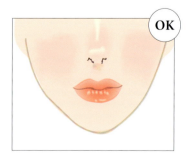

OK

NG

Ⅲ 横顔を美しく演出するファイナルゾーン

"ファイナルゾーン"は、メイクアップ全体の完成度を高める、
究極の美しさを表現するためのテクニックです。どの角度から見ても
美しいメイクアップを実現するための最も大切な要素です。

Ⅲ-1 横顔メイクアップの重要性

自分が好きな自分の顔のアングルと、人から見られるアングルは必ずしも同じとは限りません。
他人の視線は、実は「横顔」にいちばん集まっているのだそうです。
そこで、どの角度から見ても美しいメイクアップに仕上げるためには、正面顔だけでなく、
"横顔"を意識することが大変重要になるのです。

Ⅲ-2 顔の印象を感じとる範囲

顔の印象は、主に顔の中心となるパーツの範囲で感じとっています。
横顔はパーツの見える範囲が狭いので、そこから受ける印象が弱まります。

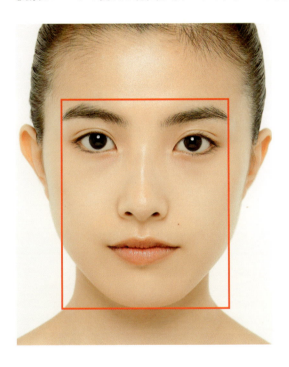 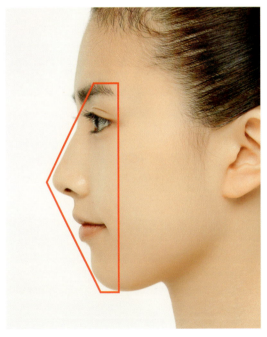

III-3 横顔で重要なゾーン

横顔の中心は、鼻先から耳の前までの約1/2のところです。そこから、顔の正面までのカーブの部分が、顔を美しくする「ファイナルゾーン」といいます。このファイナルゾーンを意識することで、立体感が効果的に表現でき、正面顔の印象をも変えるほど、メイク全体の完成度が高まります。

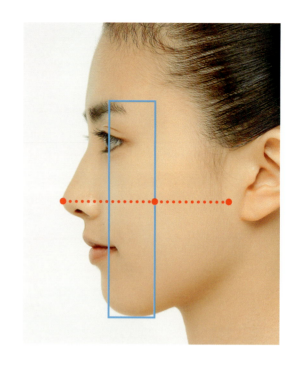

III-4 ファイナルゾーン・テクニック

横から見たときの、眉尻、目もと、ほお、口角のテクニックが要となります。

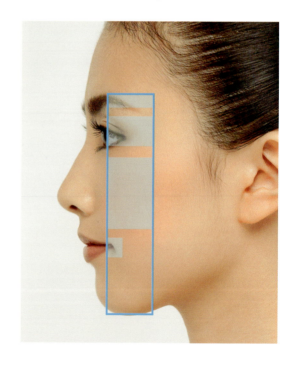

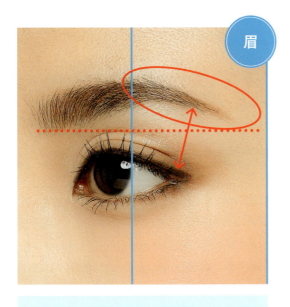

眉

- 眉尻が眉頭より下がらないように描く
- 眉尻は肌に自然に溶け込むように描く

目もと

- アイシャドウは、眉尻と同じ長さを目安に肌に自然に溶け込むようにぼかす
- アイラインの終わりは、目頭より下がらないように描く
- アイラインの終わりは、肌に自然になじむように描く

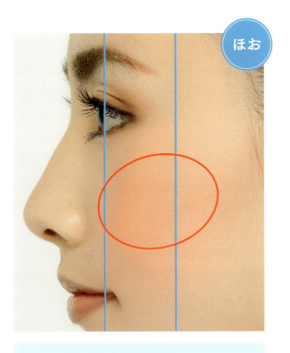

ほお

- 肌に自然に溶け込むようになじませる
- ファイナルゾーンを中心にグラデーションになるようぼかす

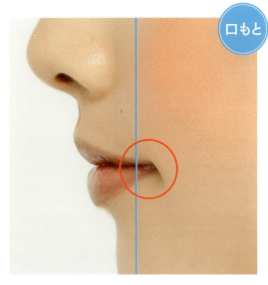

口もと

- 上下の唇が、口角で合うように描く
- 口角近くの上唇と下唇の厚みも、1：1.3〜1：1.5を意識する

第3章　顔分析とイメージ演出

Ⅳ 要望に合わせたイメージ演出

ここまで、さまざまなメイクアップテクニックや理論を学んできました。
ここからは、お客様のどのような要望にもお応えできるように、
イメージ演出の考え方を学んでいきます。

> \ Check / **イメージ演出を施すためには**
>
> ① その人の顔の特徴をきちんと見極め、ポジショニングを把握することが重要
>
> ② ご要望のイメージ演出をするために、どのような手法を用いるのか?
>
> ③ バランスは活かせるのか? 調整は必要なのか? 色はどう使うか?
>
> など、作戦をたててイメージができてから、メイクをスタートさせます。

[さっそくポジショニングを把握するための分析方法を、学びましょう]

これまで学んできた形とイメージや、バランス調整法などを整理すると、
「顔立ちマップ」にまとめることができます。このマップを使うと、
人の顔分析の手順がわかりやすくなり、分析の結果から、
どのようなイメージを持っているか、までを把握することができます。
また、その方のイメージを変えるときのポイントを探るため、
考えをまとめるマップとしても使用できます。

V 顔分析の仕方

顔立ちマップは、お客様がどのような個性を持っているかを把握するために使うとよいでしょう。無理やりどこかのゾーンに当てはめる必要はありません。プロとして、お客様がどのような印象をお持ちで、それはどういうパーツやスペースから感じられるのかを説明できるようになること。また、ご要望のなりたい印象に変化させるには、何がポイントで、どのようなメイクアップを施せばいいのかを、きちんと説明できるようになること。顔立ちマップは、その考えをまとめる工程で利用するとよいでしょう。

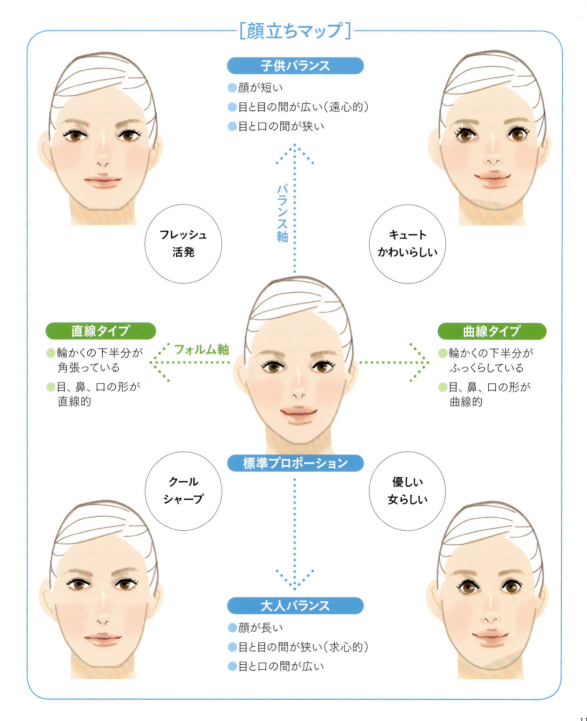

[顔の分析の手順]

イメージ演出するためには、その人の顔の特徴をじっくり見極め、きちんと捉えることが大切です。

STEP 1 「バランス軸」で分析

「バランス軸」で顔の長さ、パーツの遠心性、求心性を見分けます

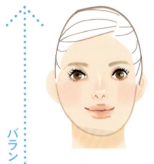

子供バランス
バランスが子供タイプ

大人バランス
バランスが大人タイプ

STEP 2 「フォルム軸」で分析

「フォルム」でパーツ（輪かく、目、鼻、口、眉）の形を見分けます

フォルム軸

直線タイプ
パーツの形が直線的

曲線タイプ
パーツの形が曲線的

実際の顔で分析してみましょう

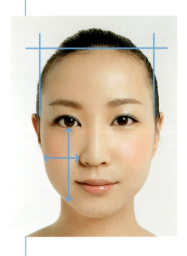

STEP 1 「バランス軸」で分析

顔の長さは平均に近いが、ややほおからアゴまでが長め
→ 大人バランス

STEP 2 「フォルム軸」で分析

● パーツ（目）が曲線的
● 顔の輪かくに丸みがある
→ 曲線タイプ

分析結果

● 顔が平均に近いがやや長い
● 目が丸い
● ほおが長い

「顔立マップ」にあてはめてみると

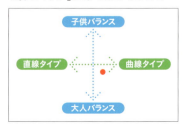

［バランス分析シート］

人の顔を漠然と見るのではなく、常日頃から顔を客観的に見る習慣を身につけておきましょう。
その際、どんな第一印象を持ったかを言葉にします。
そして、顔の特徴を瞬時に捉えるプロの視点を鍛えます。
その5つのポイントは以下のとおりです。

1. 顔の長さを見る　　　　（長い？　短い？）
2. スペースを見る　　　　（目と目の間は？　目と眉の間は？）
3. パーツを見る　　　　　（形は？　大きさは？　配置は？）
4. 肉づきと骨格を見る　　（ふっくら？　ゴツゴツ？）
5. フェイスラインを見る　（あごは？　額は？　ほおは？）
6. 肌を見る　　　　　　　（色は？　質感は？　トラブルは？）

例えば、第一印象が「フレッシュ」と感じたら、それは顔のどの部分から感じるのか？
「顔は短く、遠心的。眉や上唇、フェイスラインに直線を感じる」など、分析していきます。

Ⅵ テクニックを使ったイメージ演出

顔立ちの決め手は、顔を構成するパーツ（眉や目、唇など）の配置バランスと、形にかかっているといっても過言ではありません。顔の分析をしっかり行い、その方の個性の特徴を捉えられれば、お客様が求めるイメージも、上手に演出できるようになります。

Ⅵ-1 キュート

［キュートな表現のポイントは？］

パーツでは、優しい色調の色合いを選び、角張りのない丸い印象を与えるようなメイクデザインをします。

① ピンクのアイシャドウを、まつ毛の生え際からアイホールまで塗っていきます。

② 下まぶた全体にも、幅広めにぼかします。

③ 黒のアイラインで目を囲むように、まつ毛の際やインサイドにもしっかりと描いていきます。

④ 目の下のアイラインが目立ちすぎないように、小さなブラシでなじませるようにぼかします。

⑤ にっこりと微笑んだ状態で涙袋を際立たせたら、ハイライトで強調していきます。

VI-2 クール

［きりっとクールな表現のポイントは？］

目もとには、冷たい印象を与えるブルー系や、
温かみが感じられない無彩色を選びます。ラインメイクでよりすっきりとクールさを表現しましたが、
アイシャドウのグラデーションを、切れ長でシャープに仕上げる方法もあります。

① アイラインを上下のまつ毛の際を埋め込むように描いたのち、上まぶた全体にパールを感じる白っぽい色をぼかし、まぶたにクールな質感を与えます。

② 下まぶたも同様に、クールな質感に仕上げます。

③ ①で入れたアイラインに重ね、切れ長な目に仕上がるように目尻側は太く、長めのラインを描いていきます。

④ 上の目尻から繋げるように下のラインも描きます。上下のラインで目を囲みますが、形は切れ長になるように意識して描きます。

⑤ 仕上げはリキッドアイラインで、形を整えます。

Ⅵ-3 エレガンス

［ゴージャス＆セクシーなエレガンス表現のポイントは？］

モデルが持つ、丸みのある女性らしい口もとを、赤で強調する表現です。
きれいな唇の形を生かし、輪かくをぼかすように仕上げます。

① 下唇の中央に、口紅をのせるようにおきます。

② 輪かくに向かって徐々にぼかすように広げていきます。

③ チップで輪かくあたりまで口紅をぼかします。指先でぼかしてもいいでしょう。

Ⅵ-4 大人っぽい

［意思の強い目力を感じさせる大人っぽい表現のポイントは？］

骨格を感じさせるような、陰影のある仕上がりを意識します。
まずは骨格と肉づきをきちんと捉え、肌づくりでは血色感を抑えます。

① 明るい色（ハイライトカラーなど）をアイホール全体に塗っていきます。

② アイホールのくぼみを強調するように、ブラウン系のアイカラーで影を作っていきます。

③ 同様に目頭側の骨格を強調します。

④ 骨格をより強調したいところに濃いブラウンを入れ、自然なグラデーションに仕上げます。

⑤ アイラインは目尻の部分は跳ね上げずに、水平気味に描いていきます。

⑥ つけまつ毛は実際の目尻よりやや外になるようにつけます。このとき目尻側をまつ毛の際より離してやや上げ気味につけると、目を開けたときに水平に見えるように仕上ります。

⑦ ほおが立体的に見えるように、ほお骨の下にシャドウカラーを入れていきます。

Ⅵ-5 ボーイッシュ

［健康的でボーイッシュな表現のポイントは？］

大切なのは、化粧感を出し過ぎないことと、ストレートな眉を自然に仕上げることです。アウトドアな感じを出すためには、チークはほおの高いところから鼻を通り越すようにぼかし、日焼けした感じを表現します。

① スクリューブラシで眉の毛流れを上向きにブラッシングします。上昇ラインを作ることで、勢いが出て若々しさを表現することができます。

② 上昇ラインをより強調するために、眉の中央から上に向かって一本一本植え付けるように描いていきます。毛先が飛び出るような感じで描くことで、野性的でエネルギッシュな印象の眉になります。

③ 赤みのあるブラウンのチークやフェイスカラーで日焼けしたとき赤くなる部分をイメージして塗っていきます。鼻骨の部分も塗ります。

VI-6 ストロングアイズ

[一度目にしたら忘れないようなストロングアイズのポイントは？]

他のものは決して受け入れない、怖いほどの強さをアイメイクで表現します。
まるで目が落ちくぼんだかのように見える黒のグラデーションは、モデルの骨格を意識しないと、
上手に表現できません。目もとにポイントをおくために、口もとはあえて色味を抑えます。

Ⅶ メイクをデザインします
自分がイメージするメイクを、イラストに描いてみましょう。

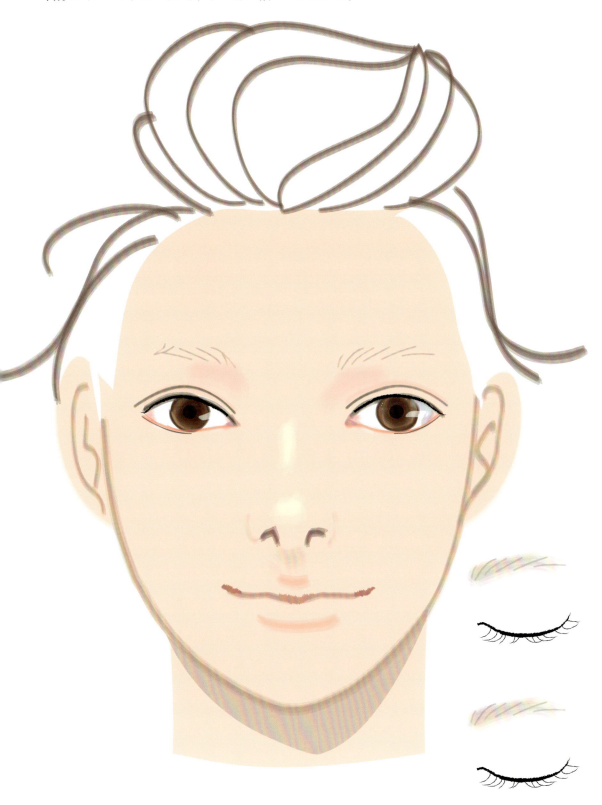

第 3 章　顔分析とイメージ演出

第3章

POINT CHECK

この章で学んだことが理解できているか、チェックしていきましょう!

形と質感

- ☐ 形とイメージ
- ☐ 形による印象の変化
- ☐ 形の錯覚をメイクに応用する方法
- ☐ 錯覚を使ったアイメイクと目の関係
- ☐ 錯覚を使った眉と顔の長さの関係
- ☐ 質感と表現

メイクアップデザイン

- ☐ スペースとバランスの調整法
- ☐ スペースの見極め方と調整法
- ☐ 顔のゴールデンバランス理論
- ☐ 顔型を意識した肌づくり
- ☐ 眉で顔の長さのバランスを調整
- ☐ ほおの長さを調整
- ☐ 目もとのバランス調整
- ☐ 唇の調整法
- ☐ 横顔を美しくみせるファイナルゾーン
- ☐ ファイナルゾーンテクニック
- ☐ 要望に合わせたイメージ演出
- ☐ 顔分析の仕方(顔立ちマップ)
- ☐ 顔の分析の手順
- ☐ テクニックを使ったイメージ演出

ジャパン・ビューティーメソッド協会 メイクアップ検定について

主催
一般社団法人ジャパン・ビューティーメソッド協会

ジャパン・ビューティーメソッド協会（JBMA）とは
ジャパン・ビューティーメソッド協会（JBMA）は、2017年に美容従事者のさらなる社会的地位向上を目指して設立されました。メイクアップ検定を通じて、美容の知識と技術の向上をサポートします。

メイクアップ検定とは
モデルへの似合わせ方、美しさの引き出し方など、感覚で語られがちな知識を具体化。理論を理解し、メイクアップの実践力を高めることに役立ちます。検定のコースは、レベルや必要な知識ごとにわかれた3コースと、認定講師養成コースの全4コース。スキルに合わせて選択できます。

【学科試験】（100点満点で70点以上が合格）
マークシート方式
時間 50分
設問数 約50問
※Basic・Professionalコースのみ実施

【実技試験】（100点満点で70点以上が合格）

Basicコース	30分
Professionalコース	40分
Expertコース	40分

● 合格者には、それぞれのコースの認定カードが与えられます。

※認定講師養成コースについては、18時間（3日間）の講習を受講後、実技と学科の試験を行います。
合格者には、認定講師認定カードと協会認定講師のバッジが与えられます。
認定講師は、検定会場での審査員のほか、ジャパン・ビューティーメソッド協会の各講習会やセミナー等の講師を務めることができます。

【試験日】
ホームページにてご案内いたします。

【受検資格】
● 学歴や年齢、性別、国籍による制限はありません。
（但し、学科試験ができる日本語力が必要）
● Expertコース受検はProfessionalコース取得者に限ります。

【検定当日の持ち物】
● 受検票、顔写真のついた身分証明書
● 学科試験は、筆記用具
（HBかBの鉛筆またはシャープペンシル、消しゴム）
● 実技試験は、スキンケア、メイク用具
（メイクアップブラシ、タオル、ティッシュ、コットン等メイクに必要なもの）および各自モデル手配のこと。

ジャパン・ビューティーメソッド協会　理事長
大竹政義（マサ大竹）

美容学校卒業後、株式会社資生堂に入社。資生堂の宣伝広告や世界各都市のコレクション活動に長年にわたり携わった後、資生堂ビューティークリエーション研究所所長、SABFA校長、資生堂美容技術専門学校校長を歴任。現在もクリエーション活動の第一線で活躍し、その卓越した技術を教育現場においてもリアルタイムで伝承する美容界の第一人者。1976年、日本人初のパリコレクション参加。2004年「卓越した技術者―現代の名工」、2008年「黄綬褒章」を受賞。著書に『日本の美容家たちマサ大竹』『飽くなき美の探求 マサ大竹自叙伝』他。

一般社団法人ジャパン・ビューティーメソッド協会

メイクアップ検定
Basic & Professional 公式テキスト

2018年2月9日　初版第一刷発行
2022年4月8日　初版第二刷発行

STAFF

監修	一般社団法人ジャパン・ビューティーメソッド協会
メイク	西島悦、矢野裕子
撮影	鈴木花美
モデル	金城遥香、濱田あおい、松谷百恵
構成	江口知子
デザイン	大久保裕文＋小渕映理子（Better Days）
イラスト	Takako（メイク）、BACKBONEWORKS（骨＆筋肉）
協力	山本珠美

発行者	岩野裕一
発行所	株式会社実業之日本社 〒107-0062 東京都港区南青山5-4-30 emergence aoyama complex 2F 電話　［編集］03-6809-0452　［販売］03-6809-0495 https://www.j-n.co.jp

印刷・製本　大日本印刷株式会社

©Japan beauty method association 2018 Printed in Japan
ISBN 978-4-408-42086-8（第一実用）

本書の一部あるいは全部を無断で複写・複製（コピー、スキャン、デジタル化等）・
転載することは、法律で定められた場合を除き、禁じられています。
また、購入者以外の第三者による本書のいかなる電子複製も一切認められておりません。
落丁・乱丁（ページ順序の間違いや抜け落ち）の場合は、
ご面倒でも購入された書店名を明記して、小社販売部あてにお送りください。
送料小社負担でお取り替えいたします。ただし、古書店で購入したものについては
お取り替えできません。
定価はカバーに表示してあります。
小社のプライベートポリシー（個人情報の取り扱い）は上記ホームページをご覧ください。